# сокровища тьмы

## Том II
### «Отражения Отца»

Джозеф К. Стерджен 2-й

Опубликовано издательством Seraph Creative

Сокровища тьмы
Том II
«Отражения отца»
Джозеф К. Стерджен  2-й
Авторское право © 2016 Джозеф К. Стерджен 2-й

Цитаты из Священных Писаний русской версии данной книги взяты из Синодального перевода. Public Domain — общественное достояние. Синодальный перевод, 66 канонических книг. © 1876, 1912, 1917, 1956, 1968, ... 1998 …

Опубликовано издательством Seraph Creative в 2016 г.
Соединенные Штаты / Великобритания /
Южная Африка / Австралия
www.seraphcreative.org

Набор шрифтов и макет от агентства Feline
www.felinegraphics.com

Перевод текста книги - Павел Лыков - pavel@lykov.online
Редактура русского текста - Светлана Сазонова - neustroevasvet@mail.ru

## Посвящение

Посвящаю эту книгу отцам и моим близким друзьям, с которыми я познакомился по эту и ту стороны завесы. Вашу значимость для меня невозможно переоценить.

# Содержание

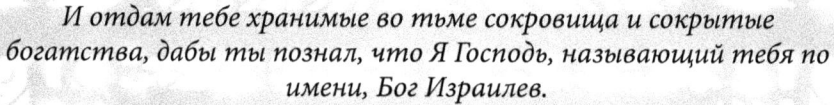

*И отдам тебе хранимые во тьме сокровища и сокрытые богатства, дабы ты познал, что Я Господь, называющий тебя по имени, Бог Израилев.*

- Ис. 45:3

# Вступление

Я хочу рассказать вам о путешествии, которое изменило мое сердце. Итак, пристегните ремни безопасности.

В то время я учился в колледже и подрабатывал секретарем отделения реанимации новорожденных в одной крупной клинике. До сего дня эта работа остается в моей памяти самой тяжелой из всех, которые я когда-либо делал. Пришло время обеда, и я размечтался перекусить вкусными кукурузными чипсами начос. Я пошел в ближайшее кафе, которое часто тогда посещал, сел и сделал заказ официанту. После того, как принесли эти вкусные начос, я взглянул на вход и увидел, как вошел незнакомец. Он был чернокожим, судя по наружности, казалось, бомжевал, но выглядел уверенным в себе и миролюбивым. Войдя в кафе и увидев меня, он подошел к столу и сел рядом. Весь его вид говорил о том, что искал он именно меня. Его УДИВИТЕЛЬНЫЕ голубые глаза были наполнены спокойствием и решимостью, и внешний вид резко контрастировал, как мне казалось, с его внутренним миром.

В тот момент моей жизни я был молод и возрастом, и в Господе. Поскольку такое случилось со мной впервые, внутри я начал перебирать возможные варианты развития событий, и все они представлялись мне положительными. Я решил, что нужно о чем-то ему засвидетельствовать, но не знал как, потому смотрел в его сторону около минуты. Ни один из нас не проронил ни слова. Наконец, почувствовав себя неловко, я предложил ему свою еду. Он дал понять, что не голоден, но сделал это жестикулируя и без слов, а затем, достав карандаш и лист бумаги, написал: «Меня зовут Эдвард, и я принадлежу Богу, который воскрес. Пожалуйста, помолись за меня».

Я кивнул в знак согласия, и когда протянул ему руку, он схватился за мой локоть, как Уильям Уоллес (шотландский рыцарь, один из военачальников в войне за независимость от Англии — прим. пер.). С улыбкой я склонил голову, как был научен, и попытался произнести молитву. Но у меня ничего не вышло – я просто не мог молиться. Хотя в те дни у меня неплохо получались религиозные молитвы, однако сейчас мне не удалась даже одна из них. Единственное, о чем я подумал: «Слава Богу, что этот человек глухонемой, и что не смотрит на меня сейчас». После нескольких минут искренних попыток услышать Господа, чтобы все-таки помолиться, я сдался, и сжал его руку только для того, чтобы сообщить об этом и сказать «Аминь».

Есть больше не хотелось, поэтому мы оба встали и пошли к выходу. Он повернул налево и пошел по улице туда, откуда пришел. Пройдя мимо окна, остановился там, где его не было видно посетителям кафе, и повернулся ко мне лицом. Дальше произошло такое, к чему я совершенно не был готов. Этот самый человек, с которым мы только что вместе сидели за столом — человек, имевший физическое тело, писавший деревянным карандашом на обычном листе бумаги обычные слова... и назвавший свое имя, которое дали ему родители — помахал мне, подмигнул и исчез из виду.

Было очень трудно вернуться в нормальный ритм, но я справился с эмоциями и неплохо завершил рабочий день. Вечером я быстро заснул и увидел качественно новый яркий сон, в котором пережил еще одну встречу с Эдвардом. Помню, что я стоял прямо в открытом космосе, когда увидел его вдали, он шёл ко мне так же, как тогда в кафе. Между нами оставалось около тридцати футов (10 метров), когда он превратился во что-то совершенно невиданное. Вокруг Эдварда возникло тело из славы. Окружив его, оно показывало, кто он есть на самом деле. Находясь в прославленном ярко сияющем состоянии, одетый в белые одеяния, он оказался Человеком в Белых Одеждах, а не ангелом. Эдвард посмотрел на меня и сказал: «Мы встретились не для молитвы, но для того, чтобы я вложил себя в твою жизнь. Вот почему ты не мог молиться». Эта встреча стала началом пути моего познания Людей в Белых Одеждах и новых встреч с Небесами.

А дальше произошла ещё одна такая встреча, и вот как это было. У меня выработалась привычка, когда остаюсь дома один, то вытаскиваю стулья, расставляю их вокруг стола, приглашаю прийти Небеса и сесть за мой стол. Тот день ничем не отличался от остальных. Он не казался каким-то особенным, когда вдруг мои духовные глаза открылись! Иисус, Петр, Иаков и Иоанн внезапно появились и сели на стулья, которые я приготовил. Я видел их в духе перед собой так же ясно, как если бы вы и я ели за одним столом, только в данном случае мои гости были не в физическом теле, и я потерял всякий интерес к бубликам на столе.

Иисус посмотрел на меня, искренне улыбнулся и сказал: «Я хочу, чтобы ты пообщался с нами, но сначала поедим, а потом поговорим». В трепете я наблюдал, как эти четверо приступили к еде. Внезапно перед ними появлялись свежеприготовленные блюда. Вокруг стояла тишина, которая располагала к размышлению, и я начал слышать их мысли. Теперь всё духовное стало доступно и мне, проявляясь здесь с абсолютной легкостью и спокойствием.

Иисус, Петр, Иаков и Иоанн с чувством благодарности размышляли о своей жизни на Земле, и о том, что только что произошло с ними на Небесах. Я ощущал тепло от того, что видел и слышал их мысли, смотрел, как они улыбаются, обдумывая их. Иисус протянул мне кусочек одного из тех блюд, и я предположил, что это манна. Я не имел ни малейшего представления о том, что произойдет дальше, но когда вкусил эту духовную пищу, мое физическое тело внезапно перестало испытывать голод и всё, что я желал теперь — только больше Иисуса. Ощутив, насколько моя плоть жаждет Его, я понял, что когда-то царь Давид переживал то же самое.

Примерно через тридцать минут наблюдения этой сцены мне показалось, что все закончили есть. Тот, кто сделал это раньше всех, теперь терпеливо ждал, но Иоанн ни о чём не переживал и доедал последним, зная, что он любимый ученик. Подмигнув мне и улыбнувшись, Иоанн заговорил первым. Он посмотрел на Петра и начал с того, что будет происходить на Небесах и на Земле с его, Петра, непосредственным участием. Это звучало как пророческое слово, но в атмосфере, где всем всё было известно и видно, оно не выглядело пророчеством в том смысле, каким я его знал. Это была беседа за обеденным столом, в которой всё вращалось вокруг того, что Небеса собираются совершить на Земле, и как будут участвовать в делах тех людей, которые будут в это посвящены, став непосредственными участниками событий. Ощущение оказанной чести и любви от того, что мне позволили присутствовать и участвовать в этом разговоре, вызывало во мне чувство смирения и шквал эмоций. Они как волны накатывали на меня любовью, а честь укрепляла меня до глубины души.

Эта книга родилась из видения встречи, о которой вы только что прочитали, а также из общения с другими Людьми в Белых Одеждах. После этой встречи я начал воспринимать общение с

Иисусом и с теми, кто ушёл на небеса раньше меня, совершенно по-другому. Я испытывал не только голод по общению с ними, но желание меняться и расти в этом направлении, поскольку все они ЖИВЫ ВО ХРИСТЕ, и теперь у меня был доступ к ним. На том этапе жизни я не знал лично никого другого, кто переживал бы подобные встречи, что делало это общение ещё более захватывающим, и я положил в свое сердце намерение всецело отдать себя данному процессу! И потому эта книга была написана совершенно иначе, чем моя предыдущая — «Хроники провидца».

Однажды ночью, общаясь с Моисеем, я увидел, что к нам присоединился Даниил. Они оба пригласили меня на собрание Людей в Белых Одеждах, чтобы дать свиток моей будущей книги. И только после того, как я получил его, пришло понимание, о чём она будет. Я понял также, что её нельзя писать как предыдущую. Эту книгу нужно было увидеть целиком на Небесах и писать от «окончания к началу» и от «начала к окончанию». Хотя я и раньше мог видеть процесс с такой точки зрения, однако  не знал, как применить его к написанию книги.

И Даниил объяснил мне: «Тебе нужно взять всю книгу и держать в руке или в сердце, пока не увидишь главу и не напишешь ее. В один момент ты можешь работать над второй главой, а в следующий — над одиннадцатой. Порядок соблюдать не обязательно, чтобы писать одиннадцатую, не требуется заканчивать главы с третьей по десятую, потому что ты  будешь способен видеть весь сюжет книги одновременно. А для этого тебе придется отсоединить себя от Земли, твоих пророческих даров и многого другого. Эту книгу невозможно будет писать, пока ты привязан к Земле, Солнцу, Луне и звездам. В процессе работы над ней такие слова, как «время», «усталость» и «сон» потеряют для тебя значение  — на Небесах в них нет смысла.  Книга потребует твоего постоянного присутствия на Небесах, поэтому тебе придется там и оставаться».

Дальше он сказал: «В свитке ты увидишь, что каждая глава посвящена общению с одним из Людей в Белых Одеждах. В кни-ге будет двенадцать глав, и в каждой главе ты опишешь общение с отдельно взятым человеком. Поскольку все  двенадцать изъявили желание вложить себя в эту книгу, выбор, с кем из них ты будешь общаться, за тобой. Когда выберешь этих людей, они сформируют Совет для написания книги, чтобы стать твоими наставниками. У тебя будет постоянный доступ к ним. Оказывай им уважение, так как они сами изъявили желание вкладываться в Землю и в целые поколения людей посредством твоей книги».

От уровня ответственности я находился совершенно вне себя, когда, наконец, выдавил вопрос: «Как же мне выбирать?» Моисей, который терпеливо стоял рядом, ответил: «Посмотри». И на моих глазах была созвана встреча всех этих Людей в Белых Одеждах. На собрании председательствовала Коллегия Троих (Небесное правительство). Цель встречи состояла в том, чтобы решить, в кого, куда и что именно будут вкладывать её представители. Как только встреча закончилась, мне дали свиток с описанием всех её подробностей. С помощью этого свитка я выбирал, кто будет состоять в Совете моей книги. Их именами были названы её главы. После выбора советников я встретился с каждым из них по очереди, а потом и с группой, чтобы получить наставления и обсудить книгу. Периодически мы обсуждали такое, о чем я не имел никакого представления и никогда не слышал ранее. В процессе происходящего я должен был отправиться во тьму (ещё не открытые места), чтобы в поисках ответа вывести на свет то, что займет своё место в моем сердце и жизни.

Поисками нового опыта и знания, ранее отсутствующими в моей жизни, я обычно занимался утром на рассвете за чашкой кофе. Теперь мне предстояло научиться стоять во Вратах между светом и еще нераскрытыми тайными местами и управлять ими.

Эту книгу я написал гораздо быстрее предыдущей. Если на первую книгу «Хроники провидца» ушло четыре года, то на «Отражения Отца» в общей сложности около шести месяцев. Важно отметить, что костяк книги обеспечила та встреча, на которой я увидел всё её содержание. БОЛЬШАЯ ЧАСТЬ встреч, о которых говорится в книге, произошла за последние **восемь** лет. Я выделил цифру восемь жирным шрифтом, чтобы подчеркнуть факт, что книга была написана за короткое время, а путь откровений, совершающих свою работу в моей жизни, был довольно длительным, хотя говорить об этом я начал только сейчас. Читая книгу, у вас может сложиться впечатление, что все происходящие события случились непрерывно друг за другом. Однако я специально сделал так, чтобы мои откровения, занявшие восемь лет жизни, воспринимались читателем так, будто они получены за короткий промежуток времени. Вы также заметите, что одни встречи описаны в книге длиннее, а другие короче, тем не менее, этот факт никоим образом не отражает приоритет их важности, как и любой другой аспект. Их несоразмерность в данном случае — это всего лишь необходимость в непрерывности повествования.

Два фактора оказали основное влияние на время, которое потребовалось, чтобы написать книгу и все понятия сформулировать верно — сосредоточенность и желание. Зачастую представляется очень сложным передать то, что ты видишь на Небесах — просто нет подходящих слов. Единственный ответ в данном случае — научиться проводить там всё своё время. Конечно, у меня есть работа, и даже несколько. У меня также есть семья и друзья. На самом деле я вполне «нормальный». Ключом для осуществления этого стало моё желание научиться помышлять о горнем и одновременно выполнять все дела обыденной жизни. Чем больше удерживаешь внимание на Небесах, тем качественнее становится способность передавать увиденное там, и даже великолепное владение земным языком не поможет, поскольку земные языки ущербны по сравнению с небесными. Способность коммуницировать может возрастать только от того, с чем мы сталкиваемся вне времени и пространства, вне сферы влияния Солнца, Луны и звезд, где и завтрашний день, и начало времен существуют одновременно. Это и есть тот язык, на котором мы должны научиться общаться, и тогда даже слова текста, набранные на компьютере, будут нести с собой благодать, обладающую способностью сообщить нам гораздо больше, чем хрупкие слова. Вот насколько велико влияние встреч на Небесах, и вот в чём секрет!

Цель книги (и одновременно сложнейшая задача, которую мне пришлось решать) — открыть вам двери знакомства и общения с Людьми в Белых Одеждах, которым я хотел бы оказать достойные почести и уважение.

В начале книги приведено библейское обоснование возможности встреч с Людьми в Белых Одеждах, как это представлял Иосафат. Далее мы перейдем к обсуждению подробностей этих встреч, героям которых много чего есть рассказать Церкви. По моему мнению, эта книга — лишь малая часть от всего объема их опыта.

Ваш Джозеф,

потерявший себя в Его глазах.

# Иосафат

# Глава 1 «Иосафат»

## Кто такие «Люди в Белых Одеждах»

Я сидел на белом песчаном пляже, глядел на Океаны Вечности, и, спокойно наблюдая за набегающими волнами, пребывал в благоговении перед Богом и Его свершениями. Солнце тихо садилось, а я всё смотрел на множество звезд, воздающих Ему хвалу на Небесах. В таком Сокровище Безмолвия я общался с Отцом и пребывал в совершенном мире, всё время наполняясь силой для выполнения предстоящих дел моего послушания. Я посмотрел на Океаны и увидел, как народ Божий на Земле формирует боевые порядки и готовится к войне с врагом. Воинов было много, а Отцов среди них мало. Пока я рассматривал всё это, Иисус подошёл сзади и сел рядом. Некоторые воины осознавали потребность в Отцах и во взаимодействии с Небесами — это были необходимые условия качественной подготовки к эффективному сражению. Кто-то из них, понимая, что нуждается в помощи, падал на лицо и просил поддержки у Господа. Как только начинались их молитвы, они сразу же оказывались на берегу перед Иисусом, и прежде чем успевали сказать хоть слово, слышали твердый тон голоса своего Главнокомандующего: «Я пошлю к вам Иосафата». Удовлетворенные ответом воины исчезали и мгновенно оказывались на земле, вставая с колен.

Я был заинтригован и спросил Господа, что Он имеет в виду? Иисус ответил: «Послушай». Прислушавшись, я узнал издалека грохочущие слова песни: «О, когда святые зашагают маршем…» Он посмотрел на меня с искренней любовью и сказал: «Сейчас Я должен идти, но, о, какое же приключение тебя ждет впереди!» Затем Иисус исчез. Остался только ветер, мягко обдувающий песок вокруг того места, где Он только что сидел и старый свиток, который, казалось, был вскрыт мгновение назад. Это и был свиток моей новой книги. Пока я рассматривал его, звук чьих-то приближающихся шагов привлек моё внимание. Я поднял голову и увидел человека в белом одеянии. Он шёл ко мне, никуда не торопясь. Роста человек был невысокого и, судя по выражению лица, настроен был мирно. Я встал, чтобы поприветствовать его. Красивым голосом он сказал мне: «Приветствую, меня зовут Иосафат. Я буду с тобой в течение первой части твоего путешествия. Пойдем, я объясню тебе, как научиться сотрудничать с теми, кто жил до тебя. У нас есть много того, что мы можем посеять в жизнь тех, кто сейчас ходит с Богом на Земле — и тебе обязательно нужно все узнать».

Я был взволнован и одновременно пребывал в совершенном покое. Конечно, я согласился. И тут же спросил его — с чего начать? Он улыбнулся и ответил: «Возьми свиток, который оставил тебе Иисус, и съешь его». Я вспомнил, как в предыдущем путешествии свиток Исайи поместился в меня, несмотря на свой большой размер, поэтому я широко раскрыл рот и проглотил свиток целиком. Я усмехнулся от нахлынувшего на меня воспоминания — в тот первый раз это было совершенно потрясающе и странно до умопомрачения. Глядя на моего нового друга, я снова задавался вопросом — что же будет дальше? Он объяснил: «Люди, известные тебе как «Люди в Белых Одеждах» или «Облако Свидетелей», существовали прежде дней Авраама. Когда-то он, сидя у входа в свой шатер, видел этих Людей в духе, как в своё время Иоанн в книге Откровения, и, открыв свои очи, сразу узнал их, поскольку общался с ними раньше. Тебе надо понять, что информация о том, что Авраам общался с Людьми в Белых Одеждах и с Отцом в записанном виде хранится с давних пор. В те дни эти отношения для Авраама были рабочими. Авраам также вошел в Облако Свидетелей, и теперь он сам сеет и вносит вклад в жизнь твоих современников на Земле».

Заинтригованный, я воскликнул: «Это потрясающе! А есть ли ещё такие люди, которые встречались с Людьми в Белых Одеждах, и сохранились ли записи об этих встречах?» Взглянув на меня по-отцовски с любовью, он ответил: «Ты уже читал об этом, просто не обращал внимания. Об этих встречах МНОГО написано. Скорее всего, читая слово, ты просто не понимал, что речь идёт о Людях в Белых Одеждах». Иосафат снова привел в пример отрывок из Писания об Аврааме, когда он встретил трёх человек в белом. Он сказал: «Авраам видел трёх МУЖЕЙ — не трёх ангелов, и не Иисуса, и они ели приготовленную им еду как обыкновенные люди».

Продолжая разговор, он снова сослался на примеры из Писания: «В десятой главе книги Иезекииля пророк описывает, как с ним говорил ЧЕЛОВЕК, одетый в ЛЬНЯНУЮ одежду, давший ему указания о том, что должно произойти дальше. В двенадцатой главе книги Даниила муж в льняной одежде упоминается несколько раз.

В Новом Завете в семнадцатой главе Матфея и девятой главе Марка говорится, как Сам Иисус встречался, общался и разговаривал с Моисеем и Илией, явившимися Ему во славе. В шестнадцатой главе Евангелия от Марка говорится о юноше, облечённом в белые одежды, сидящем на правой стороне гроба Господня, а в первой главе Деяний появились два мужа в белой одежде. И это всего лишь несколько примеров, записанных в Библии. На протяжении всей истории человечества у вас было множество встреч с теми из нас, кто находится в Облаке Свидетелей».

Я слушал его и всё новые и новые миры информации и возможностей открывались передо мной. Я был будто пронизан просветлением и пониманием — такого я никогда не мог себе представить. Благодарность наполнила меня с избытком, и я продолжил задавать вопросы, восхищаясь:

- Это просто потрясающе! Спасибо за возможность поговорить с тобой. Не возражаешь, если я задам ещё несколько вопросов?

- Я с удовольствием отвечу на них, для того я и послан сюда.

- А то, что мы делаем сейчас, не считается некромантией? (вызыванием духов мертвых — прим. пер.)

Иосафат рассмеялся:

- Я разве похож на мертвого?

Улыбнувшись, я ответил:

- Нет, совсем наоборот.

Иосафат уточнил:

- Ушедшие всегда живы во Христе. Ты жив во Христе сейчас и будешь жить вечно. Те, кто не ожили во Христе, мертвы. Это не зависит от того, умерли они или нет физически. Но те, кто жив в Нём, находятся в состоянии жизни независимо от их местонахождения — здесь они или там.

Итак, это не называется некромантией. Я абсолютно жив. Церковь на Земле и Церковь на Небесах едина. ВСЕ мы — свидетели и Церковь Первенцев. Мы — соработники друг другу, и мы пребываем живыми в Нём.

Во время этой речи его слова окатывали меня волнами информации, содержащейся в свете. Благодаря вдохновенной Мудрости Отца были придуманы и построены эти отношения! Похоже, часть самого Иосафата и его откровений, которые он получил во время своей жизни на Земле и на Небесах, передавались мне в это время посредством любви. Источником был сам ОТЕЦ, однако другой мой отец — Иосафат стоял рядом и передавал их мне.

Любовь и Его Присутствие поглотили меня всего. Я задал другой вопрос: «Что такое «обмен» и почему вы отдаете и сеете себя в нашу жизнь?» Иосафат ответил немедленно: «Это одна из наших величайших почестей – иметь возможность вложить и посеять себя в поколение, живущее сейчас на Земле. Это очень воодушевляет нас! Мы полны радости и ожидания того, что поколение, живущее на Земле сейчас, сможет увидеть, совершить, и знать, как и чем управлять. Поистине, вы — Сияющие.

Очень важно понимать, о чём говорится в одиннадцатой и двенадцатой главах Послания к Евреям. Во-первых, вас всегда окружает Облако Свидетелей, и они любят и подбадривают вас. Во-вторых, пока еще наше дело не завершено, а то, к чему мы призваны — закончить дела Отца на Земле.

Когда мы «обмениваем себя», когда «сеем», то выпускаем в свет откровение, полученное и пережитое нами во время жизни на Земле или немного позже земной жизни. Мы делаем это для того, чтобы люди, города и целые народы могли совершить дело Отца и выполнить предназначение судьбы, о котором было сказано прежде основания Земли. И тогда то, к чему мы были призваны — наше дело — будет закончено. Церковь Первенцев едина в своем предназначении.

Вот пример: в одиннадцатой главе Евангелии от Матфея Иисус говорит об Иоанне Крестителе, что он — Илия, которому надлежало прийти. У Илии и Иоанна были налажены отношения, и обмен жизненными откровениями был частью этих отношений.

Отец создал красивейший алгоритмический цикл откровения, когда оно от нас сеется в вас и в вашу жизнь. Чаще всего такое происходит во время поклонения и причастия. Можно смотреть на это так: когда вы поклоняетесь и пребываете в близком общении с Отцом, начинается процесс подготовки места в вашем сердце, предназначенного для Него. Как только это произошло, мы получаем надежную платформу для внесения своего вклада и становимся как бы продолжением руки Отца, действующей в вашей жизни — и так цикл завершается. Вы получаете откровение из нашей жизни посредством вклада в вашу жизнь. И когда снова и снова запускается тот же цикл поклонения, общения, откровения, а затем и трансформации — вы буквально меняетесь изнутри посредством света и частоты Небес, Любви, Присутствия и Откровения, и всё глубже погружаетесь в конечную цель — найтись в Нём.

Крик души вашего поколения — достижение близости! Вы отказываетесь от навязанных людьми ограничений. Вы не боитесь верить, что в Боге есть гораздо больше, чем то, чему вас учили. Пришло время, чтобы с нашей помощью снять все ограничения».

Я был в восторге от того, насколько хорошо он понимает мое сердце, и как люди из Облака Свидетелей много вложили в наше поколение, будто все оно целиком было отмечено Богом, чтобы жить именно в такое время. Я был просто ошеломлён премудростью планов нашего Отца.

Вдруг вокруг меня закружился поток воздуха. Меня уносила Его Любовь, я был восхищен Его объятиями. Мой дух был захвачен Отцом, способным на масштабные дела, но в то же самое время обнимающим меня любящими руками. Обессиленный от этих впечатлений, я лежал вниз лицом на песке и в течение довольно долгого времени плакал от радости, так что потерял счет часам и дням. Мне было всё равно. Как постичь такую любовь Отца? Ведь именно эта любовь заключила меня в объятия так крепко, как будто я был единственным, кто имел для Него значение.

Иосафат предоставил достаточно времени, чтобы мне собраться с мыслями и восстановить самообладание. Он сказал с улыбкой: «Не знаю, получится у тебя или нет». И я взглянул на своего только что приобретенного друга, оценивая его чувство юмора. Пока я задавался вопросом, что же будет дальше, передо мною начали открываться врата. Я опять посмотрел на Иосафата, думая, что он-то точно имеет представление о том, что происходит. Прочитав мои мысли, он сказал: «Свитки превращаются во Врата. Настало время войти в них и встретиться с Иезекиилем. Он покажет тебе, как и какое влияние Люди в Белых Одеждах окажут на будущее. Но прежде чем ты уйдешь, я объясню тебе принципы управления Вратами. «Встать во Вратах» или «Встать в проломе» — это две разные вещи. Оба действия важны. Когда ты встаешь в проломе, то приносишь Папе прошение от имени другого человека. Когда же ты стоишь во Вратах, то принимаешь на себя ответственность сына — законодателя и управляющего, чтобы осуществлять управление тем, что тебе вверено. Папа растит таких сыновей, которые умеют стоять во Вратах и контролировать с Небес внедрение того, чему они научились на Небесах».

Врата были сделаны из чистого света и, казалось, что они находятся в таком месте, которое было вне времени и пространства. И тем не менее они были прямо передо мной. Они издавали очень громкий гул, похожий на рычание, и одновременно были погружены в любовь. Хотя я и волновался, всё же бесстрашно сделал шаг вперед.

# Иезекииль

# Глава 2 «Иезекииль»

## Как Люди в Белых Одеждах совершают вклад

Пройдя Врата, я понял, что хотя это и было «будущее», в котором Люди в Белых Одеждах совершают свой вклад, я все ещё нахожусь в вечном царстве, поэтому «то, что должно произойти» настолько же доступно, как и «настоящее время» равно как и то, что «когда-то было». Соответственно то, с чем я встречусь сейчас, происходит действительно здесь и сейчас, но могло произойти в другое время — давным-давно или будет нашим удивительным будущим.

Все ещё потрясенный тем, что только что произошло, я перевёл дыхание и погрузился в новую обстановку. Я находился где-то выше атмосферы Земли, смотрел на нее и всё ещё ощущал себя вне времени. Сначала мне показалось, что я плаваю в космосе, но потом я понял, что это не так, хотя физически я был уже не на Земле. В этом царстве, в этом измерении действовали свои законы физики. Они отличались от физических законов Земли и были совершенно другого свойства, действуя по собственным правилам. Я видел даже невооруженным глазом, что это другое измерение находится в том же пространстве, куда я попал. Я попал не на Небеса, но в другое измерение — выше нашего собственного физического, в котором мы родились. Здесь я понял, что значит чувствовать себя «пришельцем в этом мире». Рождаясь на Небесах, мы рождаемся в очень высоком измерении, но оказываемся в низком, придя на землю. Итак, если мы по своей природе не принадлежим низкому измерению, но сделали выбор пойти туда по собственному желанию (при этом имея возможность видеть всю нашу жизнь и то, как мы её проживём), тогда и получается, что мы, представители высокого измерения, становимся «пришельцами для этого мира».   Для нас это также величайшая возможность стать подобными Христу. Иисус Христос, пришедший в этот мир, уничижил себя и принял образ раба в том измерении и в том мире, который Сам создал. Это был величайший акт смирения, когда-либо совершенный.

Осознав всё это, я получил озарение и, подняв глаза, увидел Иезекииля, идущего мне навстречу. У Иезекииля был крайне необычный вид. Из его глаз сверкали молнии. Было трудно справиться с частотой, исходящей от него, она оказывала на меня сильнейшее влияние. Его поведение было воплощением могущества, смирения, кротости с полным отсутствием страха. Он пребывал в совершенной свободе во всём, что делал, и даже двигался с какой-то безрассудной самоотдачей. Как и многие другие Люди в Белых Одеждах, Иезекииль проявлял себя по-отцовски, по-видимому, он был активным участником в молитве святых. Всю информацию о нём, хотя это всего лишь малая толика того, кем был Иезекииль, я получал посредством исходящих от него частоты, цвета и славы (гудевшей «вум, вум, вум»).

Когда он приблизился, я заговорил первым. Я сказал: «Иезекииль, я ничего не знаю о тебе, кроме того, что я только что ощутил, и того, чему меня научила когда-то о тебе Библия. Но в моей будущей книге я хотел бы правильно описать тебя. Пожалуйста, помоги мне».

Он улыбнулся и вдруг расхохотался так, как будто знал что-то такое (чего-то много такого), что неизвестно мне. Он не ответил и даже не упомянул о моей просьбе. Вероятно, он знал обо мне больше, чем я о себе сам — решил я. Что же делать? Тогда и мне не стоит возвращаться к этой теме.

Он еще раз улыбнулся, на этот раз мягко с любовью, и прямо сказал: «Я покажу тебе пример непосредственного участия Людей в Белых Одеждах в жизни верующего. Ты являешься частью этих событий, именно поэтому ты здесь оказался. Наступают такие времена, когда люди гораздо больше станут осознавать наше участие в их судьбах, которое с всё возрастающей силой будет происходить не только в жизни отдельно взятого человека, но и целого города, страны и поколения. Чем глубже ты осознаешь, что мы делаем в настоящем, тем выше и шире будут частоты и масштабы нашей деятельности. Расширение масштабов и частот начнётся с вклада и обмена нашим опытом с вами. Всё это только начало, я покажу тебе, куда мы придём.

Первое, что я хочу показать, пришло из Библии. Многие из вас читают ее всю свою жизнь, но так и не поняли некоторые значения. Чаще всего встречи, о которых в ней говорится, приписывают ангелам, но, если быть внимательнее, можно получить точное объяснение каждой такой встрече. В 13-й главе Послания к Евреям рассказывается о том, как Авраам оказал гостеприимство ангелам, но слово, описывающее ту действительность, охватывает гораздо больше, чем вы думаете. Автор Послания к Евреям имел в виду не только ангелов, но посланников и вестников. Здесь значение слова «вестник» выходит далеко за рамки современного понимания. Отчасти ты уже знаешь его значение, потому что говорил об этом за ужином с Эдвардом (написано во Вступлении). Люди в Белых Одеждах могут тоже называться вестниками. Давай посмотрим, как это выглядит».

Я стоял рядом с Иезекиилем всё это время. Было ощущение, будто пытаешься устоять на полу, который вибрирует миллион раз в секунду. Поскольку это было на Небесах, частота вибраций, исходящая от него, сначала чувствовались у меня внутри. Я понимал, что для продолжения контакта с Иезекиилем, мне надо собраться, чтобы, по крайней мере, слышать и видеть, что он желает показать — это даст мне точку отсчета, зацепку для повторного переживания событий. Приняв решение полностью включиться в процесс, я кивнул ему, показывая готовность к продолжению общения. Иезекииль протянул мне руки. Всё ещё нервничая, я схватил его за руки, и мы мгновенно оказались в другом месте.

Мы очутились в гостиной какого-то дома. В ней находился человек, он был в состоянии глубокого поклонения и полной отрешенности. Я не стану приводить описание этого человека — вдруг мы с ним встретимся однажды? Когда этот самый человек поклонялся Иисусу, Иезекииль сказал мне: «Теперь наблюдай».

Внезапно частота, свет, и вибрация, исходящие от Иезекииля значительно увеличились, и только затем из его уст вышло слово. Свет стал ярко-белым. Всё это начало оказывать физическое воздействие на поклоняющегося Иисусу человека, который тут же пал ниц. В это время Иезекииль что-то прошептал ему на ухо. Мужчина заплакал и сказал: «Я понимаю, спасибо». Спустя примерно сорок пять минут присутствие этой силы ослабло и, осознав это, человек встал. Он настолько был взволнован тем, что только что произошло, что тут же начал звонить своему другу, совершенно не подозревая, что мы находимся прямо рядом с ним. Друг взял трубку, и человек буквально закричал: «Брат, ты не поверишь, что только что произошло. Я поклонялся Иисусу и ВПЕРВЫЕ увидел АНГЕЛА!!! Да, представляешь, он был одет в белую мантию, и прошептал мне на ухо чудесное откровение об Иисусе!!! Ну ладно, я просто хотел с тобой поделиться. Счастливо, пока». Я рассмеялся про себя и вспомнил, что я точно так же вёл себя в подобных обстоятельствах.

Теперь я смотрел на Иезекииля с радостью, и он ответил на мою мысль: «Я прихожу сюда не для того, чтобы открыться кому-то, не для того, чтобы меня узнали. Мне всё равно, как меня представляет человек — тем, кто я есть или ангелом. Мне важно увидеть в его сердце место, куда я могу вложить то, что ношу с собой. Я пришёл именно к нему, чтобы сделать вклад в его жизнь — это поможет ему сблизиться с Отцом. На этом моя миссия считается выполненной. Он поймет то, что с ним случилось в своё время, и ему будет явлено откровение о Людях в Белых Одеждах.

Ранее Иосафат объяснял тебе, почему мы делаем вклад в жизнь человека, я же показал тебе процесс вклада и как он обычно выглядит — по крайней мере, как выглядел до недавних пор. Сейчас мы вступаем в новый период, и ситуация вот-вот изменится».

«Почему?» — вырвалось у меня.

«Рад, что ты спросил. Следуй за мной», — ответил он.

Иезекииль снова протянул мне руки и попросил меня взяться за них. Я понял, что мы направляемся куда-то ещё, и хотя для меня это был не первый опыт перемещения, всё равно такой способ передвижения был весьма непривычен для меня. Я привык ходить пешком или плавать, внимательно рассматривая всё вокруг, но поскольку цель этого путешествия — выполнение определенной задачи, я принял решение не распылять своё внимание на окружающую обстановку, а настроиться на впитывание информации. Иезекииль, услышав мои мысли, снова сказал: «Разве тебе не нравится возможность свободно перемещаться в пространстве и времени?» Накопив опыт правильных ответов, я предположил, что надо сказать — «конечно, нравится», но всё же ответил: «Тебе известно это лучше, чем мне. Научи меня».

Он улыбнулся и снова сказал: «Возьми меня за руки». Я схватил его за руки, и мы оказались в другом месте. Это была ещё одна гостиная в другом доме, но на этот раз здесь находилось три или четыре человека. Они поклонялись с удивительной свободой и самоотдачей. Слава Божья, Его присутствие, которое окружало их во время поклонения, были чрезвычайно мощными. Настолько мощными, что я ощутил на себе его действие, несмотря на то, что пришёл сюда оттуда, где нет времени — и это было то место, где всё, что происходило, происходит в данный «момент», а может быть и в будущем. Я вдруг понял явление Славы и Присутствия совершенно по-новому — они не подвластны времени и пространству, даже если и пришли сейчас в конкретный момент времени.

Улыбаясь, Иезекииль сказал: «Смотри. Вот так может начинаться взаимодействие Людей в Белых Одеждах с вашей жизнью, и именно так они вносят вклад в вашу жизнь. Встань у другой стены. Сейчас поклоняющиеся узнают о моем присутствии, и я начну учить и воспитывать их. Если ты будешь стоять рядом со мной, они тебя увидят».

Я прошёл мимо присутствующих к другой стене, улыбка не сходила с моего лица. Слава и Присутствие становились всё насыщеннее и тяжелее. Вдруг одна из женщин ахнула и прошептала другим: «Вот там стоит Иезекииль!» Остальные единодушно сказали: «Мы тоже видим». Все они одновременно узнали о его присутствии, ясно видя, как он стоит с ними в комнате.

Иезекииль обратился ко всем: «Приветствую, меня зовут Иезекииль. Вы — первопроходцы. Вскоре все Тело Христово испытает те же переживания, что и вы. Я пришел, чтобы учить вас. Очень важно, чтобы всё ваше желание было направлено на Отца, и пока мы здесь все вместе, оставайтесь внимательными ко мне. Если кто-то отвлечётся, это повредит всей нашей группе, потому что мы с вами должны действовать синхронно. Желание стать едиными с Ним — это наивысшая форма того, что можно желать. Поэтому именно вы приглашены в происходящее сейчас. Продолжайте упражняться в желании стать едиными с Отцом. Тогда то, чему вы научитесь, изменит абсолютно всё. Периодически я или кто-то другой будем являться вам для того, чтобы отправляясь на Небеса, вместе учиться. Если делать это постоянно, процесс станет легкодоступным. Теперь всё зависит от вас. И это только начало».

Меня захватило наблюдение за этим коллективным видением. По словам Иезекииля эти люди сильно возжелали соединиться с Отцом, и поэтому они были приглашены войти в одно из следующих

Его дел. Им предстояло вместе с одним из представителей Людей в Белых Одеждах войти в тайны, пойти на Небеса, и всем вместе одновременно увидеть одно и то же. И это было только начало! Иезекииль закончил свой разговор с группой поклоняющихся и исчез из их вида.

Обращаясь ко мне, он сказал: «Эти люди — лишь малая часть всех тех, с кем мы будем взаимодействовать. То, куда будут направлены разные группы, зависит от их судьбы. Ты услышишь, как это будет происходить по всей Земле, повторюсь — это только начало. А то, что последует дальше, отчасти ты уже испытал».

Улыбаясь Иезекиилю, я спросил, есть ли у меня минутка, чтобы разобраться со всем, что только что произошло. Прежде чем он ответил, я рассмеялся и, осознал, что хотя я и нахожусь вне времени, моё мышление всё ещё находится под влиянием его ограничений. Он согласился и по его взгляду я понял, что у меня есть столько времени, сколько мне нужно. Забыв о людях и Иезекииле, я направил всё своё внимание и желание на Отца. В тот самый момент, когда моё желание соединилось с Ним, меня охватила всё та же любовь и блаженство, которые прежде много раз возносили меня. Плененный этим, я начал входить в миры Любви, которые могли привести к единственному месту — к Отцу… В Его присутствии я был совершенно беспомощен. Сокрушенный любовью, я вспоминал нашу последнюю встречу, и всё, что я желал сейчас — узреть Его лицо. Лев, вол, орел и человек — его меняющиеся лики непринужденно и одновременно с удивительной грацией и силой, которая создала вечность, были окутаны любовью, пронизанной неограниченной мощью. С улыбкой Он смотрел на меня так, как будто я значил для Него всё. Опередив Его, я сказал: «Хочу поблагодарить Тебя за то, что Ты мне показал. Просто хочу смотреть на Твое лицо, если Ты не против».

Всесовершеннейший источник радости — Он был всецело охвачен этой просьбой, когда смотрел на меня, пламенеющего от желания. И я потерялся в Его лике, отключившись в невыразимом экстазе. Трудно ощущать время, когда ты находишься вне времени. Должно быть прошло много дней с того момента, когда я посмотрел в Его лик и начал втягиваться туда. Процесс еще продолжался, когда я услышал, как Он сказал: «Я Эль-Шаддай, Бог многогрудый».

Если бы я попытался описать тайны и чудеса, увиденные мною и всё, что вот-вот будет выпущено на Землю, то это заняло бы вечность. Теперь мне стал понятен отрывок из Евангелия от Иоанна, где говорится, что если бы писать о том, что совершил Иисус подробно, то и самому миру не вместить написанных книг. Настало время сосредоточиться на чём-то конкретном, но это было трудно. Меня захватило состояние эйфории от исполненного желания, я будто целиком погрузился в Него и жил в Нём. И это было самое замечательное, что могло когда-либо случиться со мной — просто вглядываться в Него. Сосредоточившись на Его словах «Я — Эль-Шаддай, Бог многогрудый», я начал частично различать, кто Он и что Он желает для нас.

Когда я смог сфокусироваться на Его желаниях, я обнаружил себя сидящим на вершине горы, смотрящим сквозь время и пространство на жизнь некоторых людей. Я видел её как на ладони. Между тем Папа учил многих о том, что такое истинная еда, что Он является источником питания, и как во всём полагаться на Него. Меня поразило то, что Он не был даятелем пищи, но тем, кто Сам был и есть истинная пища. Он не учил людей, к примеру, как высыпаться по-человечески, но учил их, что во сне нет необходимости. А также учил, как достигать результатов не привычными для человека путями, но жить, основываясь на сердце и полностью зависеть от Него. Всё это и было Причастие. Находясь в Нём, нет необходимости дышать, нет нужды в жилище. В Нём время переставало что-то значить, а потребность в поддержке получала полное удовлетворение. Он Сам становился механизмом адаптации и оценкой правильности. Он был их благословением. Он был их источником знаний. Он был их мотивацией. Он был их действием и их защитой. Кроме того, для всех них это перестало быть духовными понятиями, но теперь это была их реальность на Земле как на Небесах прямо в данный момент.

Переполненный Его присутствием, благостью и расположением, всё, что я мог сделать — это разрыдаться, чтобы обрести себя в Нём. С этого началось полное переосмысление моей жизни. Я погрузился в удивление длительное и обессиливающее меня, смешанное с радостью и плачем. Всё, что я считал возможным, всё, что я считал действительностью, разрушилось за долю секунды. Я никогда не думал, что чувство собственной ничтожности может освободить полностью. Я был сокрушен и начал ощущать потребность выйти из этой встречи, чтобы разобраться в себе.

Когда я прервал контакт и снова оказался в теле, моя комната переполнилась покоем, тишиной и славой. Было время рассвета, поэтому я пошёл на кухню, чтобы приготовить кофе во френч-прессе. Я люблю качественный свежеобжаренный кофе по утрам. Пока он заваривался, я почувствовал спиной, как в мою комнату пришло чьё-то ещё более сильное присутствие. Поняв, что встреча не закончилась, я решил сделать две чашки, поскольку я всё ещё хотел кофе. Одну я сварил себе, а другую тому человеку или существу, которое только что вошло ко мне в комнату. Я не был уверен в том, что Люди в Белых Одеждах или ангелы любят кофе, но подумал, что так я проявлю вежливость к ним, прежде чем начать задавать вопросы. Когда кофе заварился, я налил две чашки, вернулся в комнату и сел на диван рядом с Иисусом — теперь Он пришел в «моё» царство.

После долгого разговора о личных делах Он взглянул на меня, улыбнулся и попросил посмотреть на потолок, направив на него свой указательный палец. Потолок тотчас вспыхнул огнём. На нем Он рукой нарисовал большой квадрат, из которого неизвестно каким образом вдруг выпала лестница. По лестнице спускался большой синий ангел, за которым следовало еще около двадцати ангелов меньшего роста. Когда они вошли в комнату, понемногу я начал понимать, кто они такие. Старший был учителем, а младшие — учениками. Похоже, это был их первый визит к людям, чтобы узнать тех, кому они были призваны стать соработниками. Учитель напоминал испытанного воина, на протяжении веков выполнявшего множество заданий. Ангелы же, пришедшие с ним, производили впечатление будто раньше никогда не встречались и не говорили с людьми, и всё их обучение проходило лишь в учебных «классах».

Учитель посмотрел на меня и спросил: «Можно ли моим ученикам задать вам несколько вопросов?» Я обрадовался, ответив одобрительно. Первый из тех малых ангелов («Номер один») посмотрел на меня и спросил: «Что такое электричество?» Я был счастлив, что из всех возможных вопросов он выбрал такой простой. Думая, что у меня есть блестящий пример, я посмотрел на лампу, стоящую рядом на столе, а затем спросил его: «Видишь эту лампочку и свет, исходящий от нее?» Номер Один с любопытством посмотрел на меня и сказал: «Нет, не вижу». Я был ошеломлен. Улыбаясь, я сказал: «Ну, тогда я ничем не могу тебе помочь, наверное, это вы должны многому меня научить».

Я спросил, есть ли ещё вопросы? Второй малый («Номер Два») посмотрел на меня, улыбнулся, показал на содовую, оставшуюся с прошлой ночи, и спросил: «Почему ты пьёшь яд?» «Спасибо за твою прямоту», — ответил я. «Полагаю, что мне нравится этот яд». Иисус, который всё еще сидел рядом со мной, усмехнулся, а Номер Два, казалось, был доволен ответом. Я старался отвечать честно, и мой ответ, как мне показалось, «взломал лёд напряжения» в комнате, по крайней мере, для меня.

Третий, меньшего размера («Номер Три») спросил: «Почему люди любят рыбалку?» Я любил рыбалку, но я хотел ответить так, чтобы он понял меня. Хорошие ответы по очкам были не в мою пользу, поэтому я сказал: «Чтобы питаться». Номер Три посмотрел на меня странным взглядом. У него не было представления о том, что такое еда! Как только я попытался объяснить подробнее, сразу был прерван учителем: «Я думаю, что могу объяснить тебе это. Те, кто ловит рыбу и питается едой, в общем-то, пока не научились жить и получать пропитание из света и присутствия Отца. Но уже есть некоторые, кто выбрал этот путь, и за ними последуют многие».

Я ухватился за слова учителя так, будто они исходили от самого Отца. Факт того, что учитель использовал слово «пока» меня очень обнадежил. Если такое возможно по отношению к еде, то значит возможно для всего остального, с чем я только что столкнулся. Вероятно, что процесс обучения этому будет непростым, но можно осилить всё ради той близости и любви, которые потребуются для достижения цели. Было так отрадно пребывать с Иисусом, понимая, что жизнь в полной зависимости от Отца без физической пищи, сна и прочего предназначена не только некоторым, но и мне. Захваченный любовью и благоговением перед Отцом, я снова начал поклоняться (направленность моего желания так и не поменялась), сосредоточившись на моменте расставания с Иезекиилем. Спустя один вдох я снова оказался в Его присутствии. Улыбаясь мне, Иезекииль сказал: «Молодец, а теперь идем со мной».

Я верой шагнул к нему, мы мгновенно оказались над городом, который я любил. Это было совершенно новым переживанием —

смотреть на город в таком ракурсе. В моем поле зрения был не только город, но и свиток судьбы над ним. Я видел, кто в городе помогает реализовать этот свиток, какой вклад должен быть совершён, чтобы свиток исполнился.

Иезекииль сказал: «Я хочу показать тебе масштаб того, что происходит, когда Люди в Белых Одеждах вносят свой вклад на уровне города». Вдалеке показался еще один человек в белой одежде, он неторопливо приближался ко мне. Это был Моисей. Подойдя к нам, он улыбнулся и сказал: «Мы ещё многое обсудим, но позже, а пока наблюдай, как я вношу вклад Веры в этот город». Моисей погрузил в себя руку и вытащил что-то похожее на шар, состоящий из света и материи, и внимательно взглянув на него, выпустил в атмосферу над городом. Моисей объяснил: «Мы можем сделать вклад в город только тогда, когда в нём найдется место для приземления Веры и принятия нашего вклада. Местом приземления являются люди, чьи сердца готовы принять такой вклад. Неважно, мало их или много, весь город выиграет от этого вклада. Все люди, спасенные и неспасённые, получат доступ к преимуществам этой Веры, которая осядет в сердцах людей подготовленных. И даже некоторые из тех, в чьих сердцах она не может этого сделать, неосознанно получат преимущества. Многие сыны будут увлечены ею на глубины Любви и Веры. Их сегодняшнее разумение поведёт их как на крючке, чтобы они смогли выйти из церкви-организации и прийти в Царство. Другие же войдут глубже и выше того, что они могли себе представить после того, как их разум станет достаточно свободным, чтобы принять реальность, которую ранее они и не рассматривали. Для иных преимущества придут, как уверенность в принятии решений по бизнесу или инвестированию. Масштабы одного такого вклада Веры в город настолько огромны, что их невозможно обсудить все сразу. Понять их и увидеть можно только с таких высот, на которых ваш несовершенный язык перестает работать». Переполненный благодарностью, я сказал ему: «Понятно».

В тот же миг из тела Моисея вырвался луч света, напоминающий тот самый светящийся шар, который Он вытащил из себя при первой встрече. Луч устремился прямо в мою грудь и как только коснулся её, я, пораженный этим, тут же начал воспринимать эмоции, частоту, вибрации, мысли, намерения, диаграммы, таблицы и всё прочее, что было связано с вкладом Веры в этот город. Моисей сказал: «Вот так работает связь, и с этого момента именно так мы с тобой будем общаться».

Обрадованный и заинтригованный, я спросил Моисея: «А как мне сформировать такой луч и выстрелить по тебе?» Улыбаясь, Моисей сказал: «На Небесах все вообразимые для тебя формы общения (и некоторые невообразимые), начинаются с Любви. Любовь устанавливает правила. Когда она начинает проявлять себя, создается чистый свет. По своей природе творческое существо способно сформировать Свет, а затем перевести его в совершенную и полную форму посредством Желания. Далее Свет передается через Намерение. Как только другой человек или существо получает идеально сформированный Свет, частота и вибрация Любви входят в резонанс с ним, и внутри человека распаковывается Желание. Затем Свет посредством Намерения действует в соответствии с тем, что было получено. Любовь, Свет, Желание и Намерение — это четырехступенчатая модель общения на Небесах».

Меня охватило просветление и радость. И как только я поблагодарил Моисея, он исчез. Я повернулся к Иезекиилю, а тот улыбался. Даже его улыбка сама по себе источала мощь. Находиться в непосредственной близости от него было всё равно, что сунуть палец в молнию и переживать постоянную тряску. Сила, размах Божьего Присутствия и Откровения были настолько велики, что почти невозможно было находиться в продолжительном контакте с ними. Но мне нужно было оставаться в сознании и в здравом уме, чтобы продолжить общение. У меня возникло сильное желание выйти из этого состояния, чтобы «прийти в себя». Я посмотрел на Иезекииля, он улыбнулся и сказал: «Теперь я хочу познакомить тебя с Иаковом».

Воодушевленный тем, что будет дальше, я успокоился, погружаясь в Его присутствие всё глубже и глубже, и продвигаясь вперед где-то на дальнем плане услышал слабый звук. Раз от раза он становится всё громче, и наконец, я различил припев из песни «Аллилуйя». Я понял, что это действие не похоже на внесение вклада в следующие поколения и мне придется прервать контакт. И когда зазвонил мой мобильный телефон, на экране которого было написано «Звонок от мамы», я вышел из встречи. Рассмеявшись, я поговорил с ней немного, и был рад этому перерыву. И всё же я спешил возобновить общение.

# Иаков

# Глава 3 «Иаков»

## Отеческая забота с Небес

Я сделал глубокий вдох, подключился, и вот я снова сижу на пляже. Входя в покой перед новой встречей, я опять сделал глубокий вдох, задержал и выдохнул воздух со словами: «Спасибо, Отец». И тотчас пришла Радость. Внезапно возникнув, она «уселась» у меня на голове. Сначала я просто захихикал, а потом это переросло в такой неконтролируемый приступ хохота, что я чуть не надорвал живот. Вот это да, насколько велика любовь Отца!

Неподвластная уму Надежда вдруг начала наполнять меня так, что от нахлынувшего Света распахнулись внутренние врата моего сердца. Я был под сенью Папиной Любви, она укутывала меня как одеяло, согревая собой. Довольный пребыванием в вечности, я начал петь имена Бога — «Эль-Шаддай, Элохим, Йод Хей Вав Хей» — они потекли прямо изнутри, наполненные моим обожанием. Пораженный Радостью, я пел и пел с любовью и внутренним ликованием. Здесь на Небесах моё поклонение звучало намного лучше. Продолжая петь, я услышал, как ко мне присоединился ещё один мужской голос. Я приоткрыл один глаз, чтобы подглядеть за тем, что происходит. Рядом со мной на пляже уже сидел Иаков. Я снова закрыл глаза, и мы долго-долго поклонялись.

Наше пение завершалось, но Радость осталась. Глядя на Иакова с волнением, я спросил, что будет дальше. Улыбаясь, Иаков сказал: «Я научу тебя начаткам знаний о том, что такое быть для кого-то отцом, и как, находясь на Небесах, направлять своего духовного сына, дам несколько принципов движения в этом направлении. Не стесняйся задавать вопросы. Если ты не приводишь людей на Небеса, то значит, ты приводишь их к себе. Эти принципы сначала должны укорениться в тебе самом, а после этого ты сможешь понять, как поделиться ими с другими».

Я попросил его продолжать говорить несмотря на то, что все еще пребывал в состоянии обдумывания и осмысливания услышанного. Он сказал: «Первый принцип руководства в Небесном отцовстве — это «зависимость от Бога». Сыновья, находящиеся на Земле, пока не получили это откровение. Если хочешь достичь зрелости, ты должен научиться полной зависимости от Бога. Он есть ответ на каждый твой вопрос. Он есть источник всей жизни. Только посмотри на Его ресурсы! Если ты осознаешь и поймешь, что подразумевает доступ ко ВСЕМ Небесным ресурсам, то это уничтожит все остатки сомнений и всякое проявление нищенского образа мыслей, так как всё, что записано в твоем свитке жизни уже доступно для тебя. Между тем принцип зависимости от Бога в контексте проявления отцовства с Небес заключается не столько в устранении недостатков, сколько в стремлении к Отцу. Поэтому не пытайся сам устранить из своей жизни негативные моменты, такие как сомнения и бедность, сначала последуй за Ним — Он источник всех благ для тебя. Если сделаешь так, ты осознаешь и поймешь, о чём мы только что говорили.

Он есть источник жизни. Каждая ситуация, с которой ты сталкиваешься на Земле, имеет Небесную альтернативу, на которую её можно обменять. Если войти в эту альтернативную реальность, принять её всем своим Сердцем и жить в ней, ты придёшь к полной зависимости от Отца.

Почему я сказал, что это относится к любой ситуации? Потому что ты всё ещё делишь ситуации на хорошие и плохие из-за того, что внутри тебя есть система, которая обожает ценности Древа познания добра и зла. Ты начнешь видеть во всем Божью благость, как только эта система будет устранена, и как только увидишь её в каждой ситуации, альтернативная реальность Небес начнет проявлять себя и в твоей материальной жизни. Благость Папы — это Его натура, и когда ты полагаешься на Его натуру, ты сможешь начать жить всеми обетованиями, сказанными о тебе прежде основания Земли. Ты пойдешь бок о бок только с тем, чему научишься НА Небесах, У Небес, реализуя это В своей жизни.

Второй принцип, о котором я хочу рассказать, называется «Доступ». Если ты желаешь учиться на Небесах, ты должен узнать, к чему там у тебя есть доступ, а к чему нет. На Земле так заведено, если владелец какой-то вещи не разрешил тебе воспользоваться ею, то ты и не будешь пытаться. Это, конечно, печально, но это правда.

Продолжай возрастать, показывай другим путь, и они придут к важнейшему пониманию того, что помимо полной зависимости от Бога у них есть постоянный доступ к Нему через Иисуса Христа как через дверь. Доступ к этой двери будет понятен тебе только в той степени, в которой ты его реализовал. Помни, что возможность для доступа будет возрастать вечно.

Третий принцип, о котором я расскажу тебе это «Практика». Есть масса ситуаций, которые можно использовать для передачи мастерства. В процессе тренировки, когда ты учишь людей и даешь направление с Небес, тебе важно самому научиться переступать завесу и входить туда самостоятельно. Вести за собой других, не имея собственного опыта, невозможно, если ты взялся вести людей, то на тебе лежит ответственность за свои и за их действия.

Первый вариант ситуации для обучения — это когда ты делишься с человеком откровением, по сути находясь в определенном месте на Небесах. Потому что, когда поведешь его за собой, тебе важно видеть сквозь завесу и привести его в то же самое место на Небесах, где ты получил это откровение. Тогда оно будет принято человеком напрямую. Он как и ты будет сам полагаться на Бога, получит прямой доступ к Нему и сможет убедиться в этом откровении.

Вторая ситуация, где очень хорошо помогает практика — это наличие проблемы, которую как кажется, невозможно решить. Если у человека есть такая проблема, веди его за ответом на Небеса, потому что, получая его там, человек все больше отражает Отца, становясь похожим на Него. Конечно, рациональнее подсказать ответ, но это не решает главного. Не стоит делать из принципа закон, и если ты получил откровение с Небес по поводу безвыходной ситуации человека, можно ему рассказать, но лучше отвести на Небеса, чтобы он сам нашел там решение, что принесёт гораздо больше пользы. Возможно, у тебя найдется много вариантов ответов для человека, но в основе каждого должна лежать цель либо привести его за ответом на Небеса, либо передать информацию, которую ты сам там получил.

Отец желает для нас реальности Небес, а не здравого смысла, потому что эти два понятия противоречат друг другу. Так что выбирай здравый смысл или смысл Небесный».

Улыбаясь, я спросил Иакова: «Раз практика — это наш принцип, ты отведёшь меня в такие места, которые помогут мне и другим людям в нашем путешествии?» Рассмеявшись, Иаков ответил: «Я знал, что ты спросишь меня об этом, и у меня уже есть идея, куда мы пойдем. Ты должен понимать: Небеса, и твоё переживание Небес — вещь многомерная, это означает, что кто-нибудь другой, стоя на твоем месте и видя то же самое, может описать увиденное совершенно иначе.

Вот пример: вы сидите с другом дома и смотрите в окно. Перед вами небо и вы вслух описываете, что увидели. Ваш рассказ лишь выделяет разные стороны одной и той же реальности. И твоё видение этой реальности будет ничуть не правдивее, чем у друга, поскольку вы описываете различные аспекты и качества одной и той же картины и выдаёте её так, как переживаете. То же самое происходит на Небесах, поэтому не стремись к тому, чтобы твой опыт был таким же, как у другого человека. Наслаждайся им и учись, выслушивая все точки зрения».

Я поблагодарил Иакова за объяснение. Теперь мне стало многое понятно. Раньше я задумывался, почему два человека, которым я верю, могут описывать одну и ту же ситуацию совершенно по-разному. Мне всегда было интересно, кто из них прав, но теперь я понял, что они оба были правы. Услышав мои мысли, Иаков уточнил: «Небеса — очевидная реальность. Но то, как люди объясняют эту очевидность, исходит из разности их представлений и очень редко описание бывает одинаковым. В принципе все объяснения могли бы быть однозначными, но они зависят от уровня роста человека, который накладывает фильтр предыдущего опыта и свойства искаженного языка. Поэтому важно пойти на Небеса самостоятельно и увидеть всё самому».

Просветленный этим откровением, я попросил Иакова продолжать объяснение. Он спросил: «Готов практиковаться?» Я чувствовал себя как ребенок в рождественское утро в предвкушении подарков и воскликнул: «КОНЕЧНО!!!»

Я увидел уже открытые Врата и меняющуюся в них обстановку. Врата всё ещё гудели и вибрировали от Любви, но теперь от них исходил яркий свет. Я встал и пошёл к ним и тут же ощутил изменения в моем теле. Чем ближе я подходил ко Вратам, тем более увеличивалась частота вибрации внутри и вокруг меня, становясь идентичной частоте Любви. Вспомнилась простая фраза — то, что созерцаешь, тем и становишься — теперь это выражение получило для меня практическое значение. Одно моё решение сделать шаг ко Вратам, вибрирующим Любовью, уже позволило мне вступить в контакт с ними и самому стать тем, что я созерцал — Вратами, вибрирующими Любовью.

Пройдя через Врата вместе с Иаковом, мы мгновенно оказались в другом месте. Это была комната, состоящая из осуществления (в англ. — вещества — прим. пер.) веры. От потолка и до пола комната целиком была сделана из этого вещества. По полу можно было ходить, как по бетону, и если коснуться стены, то можно было разглядеть субстанцию, из которой она сделана. Это было что-то липкое и прозрачное. Смотря на пол впереди себя, мне было видно, что он тоже липкий и прозрачный. Он оставался таким лишь до тех пор, пока не сделан первый шаг по его поверхности, и тогда его структура начинала меняться на атомном уровне, становясь совершенно твёрдой, превращаясь в то вещество, которое я себе представил. Подняв глаза, Иаков улыбнулся и сказал: «Отсюда, сквозь вещество веры, ты видишь, как Отец смотрит на любую ситуацию и обстоятельства, с которыми ты сталкиваешься на Земле. Давай же, пробуй!»

Как раз этого я и хотел! Я начал думать об одной ситуации, возникшей на работе, рассматривая её через вещество веры в Небесах, и это было очень необычно. Я увидел начало и конец развития этой ситуации, а также результат и варианты её продвижения. Удивившись, я спросил Иакова: «А ведь я думал, что смогу увидеть то, чего Отец хочет добиться через эту ситуацию?» Иаков ответил: «Ты можешь видеть всё сразу, её начало и конец, но способность увидеть в ней желаемое Сердцем Отца зависит целиком и полностью от твоей с Ним близости. Ты подошёл с позиции выяснения плана действий в своей ситуации, а не с намерением правильно управлять ею, выражая любовь через Отцовское Сердце. Исход ситуации с Небес виден всегда, но главное увидеть Сердце и желание Отца, а для этого и требуется близость с Ним. Войди в эту ситуацию повторно, но теперь с намерением Любить и оказывать Честь другим, и ты увидишь, как это изменит всё».

Я сделал так, как он сказал, и ситуация резко изменилась от начала до конца. Озадаченный, я посмотрел на Иакова. Он продолжил: «Всё, что ты видишь отсюда, ты будешь видеть с точки зрения Отца, потому что Он смотрит на начало от конца и на конец от начала ситуации. Есть ещё один фактор. Он видит и твоё сердце. Ситуация начнётся и завершится так, как ты её видел раньше, если состояние твоего сердца не изменится. Это место предназначено не для того, чтобы получить ответ, но для того, чтобы твоё сердце научилось правильно управлять с помощью Любви. Любовь выходит за рамки духовного дара, привязанного к Земле. Она доходит до сферы близости и Любви к Небесному Отцу. Эти сферы могут быть исследованы только теми, кто желает этого».

«Желает сделать что именно?» — спросил я.

Твёрдо и решительно он ответил: «Побеждать».

Слова Иакова были настолько сильными, что в тот момент, когда он их произносил, они тронули меня до глубины сердца, проникнув в то место, к которому никогда не было доступа. Они буквальным подняли меня на ноги и вышибли назад через Врата на пляж. Удар был мощный, но мягкий. Приземлившись на песок, я почувствовал, как в моём сердце открылась новая грань поклонения. Я был рад отдаться этому. Не имея никакого другого желания, кроме поклонения, я много месяцев пролежал ниц, погруженный в блаженство.

# Чистота

# Глава 4 «Чистота»

## Работа с твоей ДНК

Находясь на пляже, глядя на Океаны Вечности, я вновь наблюдал за Армией Господа на Земле, и увидел в ней определенные изменения. Она стала мудрее. Ее боеготовность повысилась. Но глубоко внутри каждого воина ещё должно было что-то произойти. Я не знал что именно, но совершенно уповал на благость Господа. Возникшее ощущение, что ко мне кто-то приближается, все больше нарастало. Это был Иисус, Он широко улыбался, Его походка была наполнена благодатью. Он никогда никуда не спешил. Каждое Его действие имело определенную цель, что казалось, даже шаги были хорошо продуманными. Иисус подошёл ко мне, сел рядом и сделал глубокий вдох. На выдохе Он оглядел Землю с довольством. «Что ты видишь, когда смотришь на Землю?» — спросил я. Снова улыбнувшись мне, Он ответил: «Вижу прах, но иногда там проглядывает золото, смотря с какой точки зрения Я смотрю на нее».

Я был уверен, что Его ответ обладает глубоким подтекстом, но Он продолжал улыбаться мне. От этого я чувствовал себя ребёнком, которого очень крепко любят, поэтому я больше не стал задавать вопросы. Вместо этого я начал ожидать, когда Он снова заговорит. Через некоторое время Он продолжил: «Я хочу кое с кем тебя познакомить. Эта личность помогала Ною в свое время. Она сыграет огромную роль, как на Земле, так и в самой Армии, на которую ты сейчас смотришь. Имя ей Чистота».

В это мгновение она появилась перед нами. Меня это так поразило! Я посмотрел на Иисуса и спросил: «Ты создал её только что, когда рассказывал о ней, или она была здесь всё это время?» Он улыбнулся и сказал: «Оба ответа верны. Вам двоим нужно наверстать много упущенного, а Я пока оставлю вас. Люблю вас!» Он исчез, и я остался наедине с Чистотой. Она была потрясающей, она была ангелом, совершенным воплощением Своего наименования.

Прежде чем она заговорила, я спросил: «Можешь ли ты показать мне, что значит побеждать?» Она ответила с непередаваемой мягкостью и благодатью: «Для этого я и пришла сюда. Можно бесконечно слушать рассказы человека о победах, но ты должен пережить их на своем опыте, иначе не будет никакого толка.

Тот, кто рассказывает о победе, получит награду за то, что принёс это откровение на Землю и поделился с Телом. Однако пока ты сам не изменишься, и не переживёшь победу, лично тебе это не принесёт никакой пользы».

«Пожалуйста, продолжай», — сказал я.

И она продолжила: «Хорошо, сначала я поговорю с тобой о том, что значит побеждать, а затем я покажу тебе, как выглядит победа и как её добиться».

Я обрадовался и подготовившись внимать ей, ответил:

«План принимается!»

Чистота улыбнулась: «Ты читал в Книге Откровения отрывок, где говорится: «Побеждающему дам сесть со Мною...» В Теле Христовом возникло много запутанных версий о том, что означает это утверждение. Но начнём с того, что оно точно не означает. В данном случае «побеждающий» — это не тот, кто одержал победу над невзгодами. Разве не прекрасно, когда ты преодолеваешь невзгоды? Конечно, однако, описанная в этих отрывках победа никак с ними не связана. «Побеждающий» в данном случае не означает сохранившего своё исповедание веры на протяжении всей своей жизни, и не противоречившего словами. Это есть удел той Церкви, которая остаётся на Земле, а не той, которая заняла своё положение на Небесах. «Побеждать» — не имеет ничего общего с правильным использованием духовных даров — это удел Церкви на Земле. На самом деле победа вообще никак не связана с твоими достижениями. Повторюсь, что это удел Церкви, которая останется на Земле».

Я проинспектировал свою внутреннюю жизнь и увидел, что часть моего сердца верит всему тому, о чём Чистота только что говорила. Внимательно посмотрев на неё, я спросил: «Хорошо, тогда с чем же связана победа?» Чистота настолько глубоко заглянула в мои глаза, что мне показалось, что её взгляд пронизывает насквозь, ясно видя всё, чем я являюсь. Она сказала с любовью: «Это означает, что ты должен победить всю свою человеческую составляющую. Твоя ДНК должна измениться и трансформироваться».

«Что ты хочешь этим сказать?» — спросил я.

Чистота ответила: «Это означает, что каждая частичка твоей ДНК должна пройти искупление, так как она всё ещё уходит корнями в Древо познания добра и зла. Все закодированные в ней заветы, которые твои предки заключили с дьявольскими богами и звёздами, травмирующие события, через которые они проходили, и даже необходимость дышать кислородом, и язык, на котором ты говоришь, Отец желает провести через искупление и изменить. Он хочет, чтобы твоя ДНК стала выглядеть как Его ДНК. Если что-либо или кто-либо получил доступ к твоей ДНК, то в ней появляется его частица. Когда эта частица живёт в тебе, она позволяет этим силам тебя контролировать, поэтому сам себя ты контролировать не в силах. Вот почему Иисус сказал ученикам: «Уже немного Мне говорить с вами; ибо идёт князь мира сего, и ВО МНЕ не имеет ничего» (Ин. 14:30). И это только начало, когда ВСЯ твоя человеческая информация в ДНК должна быть изменена — вот что значит побеждать».

Я продолжал смотреть на Чистоту, всем своим видом выражающую любовь, способную всё объяснить, как вдруг увидел иного рода её проявление — наставничество. Она сказала: «Теперь я хочу объяснить и показать тебе, как выглядит изменение твоей ДНК. Перемены начинаются с причастия. Когда ты причащаешься, важно, чтобы ты был в контакте с тем, что имеешь по ту сторону завесы. Фактически ты производишь обмен реальностями своей земной истории, своего тела, своей крови, своей ДНК, потоков своих вод, всего, что связано с твоим человеческим существованием на то, что было оплачено и стало доступным тебе благодаря воскресению Иисуса Христа!» Удивленный, я спросил: «Можешь ли ты показать мне, как выглядит изменение ДНК?» «Да, следуй за мной», — отвечала она».

Я встал рядом с Чистотой, мы подошли к Вратам. И когда мы стояли вместе, мне показалось, что с моих глаз сорвалась завеса, и я заметил, что эти Врата располагались на стыке песчаного берега с водой, где даже песок был живительным.

Я смотрел на множество галактик наверху, и этот вид вызывал во мне ощущение трепета и вдохновения. От волнения и изумления можно было потеряться в этой необъятности Небес. Я поблагодарил

Господа за Его благость ко мне, прежде чем мы шагнули через Врата. Благость Господа внушала мне истинное смирение. Мы сделали шаг, и я понял, что во время перехода можно было ещё много чего заметить и разглядеть. Я усмехнулся про себя, осознав в этот момент, что даже между одной и второй мыслью может существовать вечность — именно с такой скоростью мы путешествовали. К удивлению, когда мы добрались до другой стороны, Иисус уже ждал нас там. Моя радость всё больше увеличивалась, когда я увидел Того, Кого любил. Я радовался тому, что снова смотрю в Его глаза. Не спрашивая разрешения, я обнял Его, и это того стоило.

После долгих объятий я с почтительностью отошёл от Иисуса, и принял позу внимательного слушателя. Настраивая всё своё существо на Него, я услышал, как Он сказал: «Привет, Джозеф, как Я рад тебя видеть! Я всегда рад тебе! Спасибо, что пришёл. Я покажу тебе твою ДНК, а Чистота проведёт тебя по ней, выполнив несколько важных дел. Когда-то Чистота была с Ноем, и именно поэтому о нем сказано, как о «непорочном в роде своем». Она помогала ему работать с его ДНК, поможет и Телу Христову прийти к осознанию и исполнению того, о чём Я сказал в Матфея 5:8: «Блаженны чистые сердцем, ибо они Бога узрят». Чистота сердца напрямую зависит от твоей ДНК».

Прямо из меня Иисус своей рукой достал скрученную спираль моей ДНК. Он выпрямил её, и улыбнувшись, сказал Чистоте: «Теперь твоя очередь». Она схватила меня за руку, и мы мгновенно оказались внутри моей ДНК и начали внимательно осматривать её. То, что мы увидели, трудно описать словами. Моя ДНК вибрировала в пространстве, но все её части вибрировали с разной амплитудой и частотой. Одни излучали частоты более глубокого и высокого характера по сравнению с другими. Хотя все они существовали в едином пространстве, какие-то части моей ДНК функционировали лучше. Некоторые из них, казалось, были «искуплены», в то время как с другими было что-то не так.

И сверху, и внутри ДНК я видел какие-то примостившиеся к ней чёрные пятна и деформации. Чёрные пятна, очевидно, были неискупленными частями. Я решил выбрать одно из пятен, и когда я начал вглядываться в него, ко мне вдруг пришло понимание. Это черное пятно представляло собой «страх неудачи». Внутри него я видел слои — это были предшествующие поколения. В этом пятне я разглядел пять слоёв, то есть пять поколений назад эта вибрация вошла в мою родословную через определенное событие, и в каждом слое было поколение, которое подхватывало эту отрицательную черту, однажды созданную в моей ДНК. Также в каждом слое хранилось определенное воспоминание, прикреплённое к вибрации, которое оставляло человеку выбор: либо уничтожить его, либо принять и передать следующему поколению. С каждым поколением вибрация становилась всё сильнее и сильнее. Я посмотрел на Чистоту и сказал ей: «Давай уничтожим эту штуку». Улыбнувшись, она ответила: «Буду рада помочь».

Когда она произнесла слово рада, меня как будто ударило током. Радость уже пребывала с нами. Чистота уточнила: «Когда ты, работая со своей ДНК, начинаешь взаимодействовать с Небесами, нужно не забывать вот о чём — неважно насколько ты опытен, входи туда как ребенок, всегда желающий научиться. Существуют чёткие протоколы действий, но изучать их придётся каждому лично по мере собственного роста. Приходить как дитя, до тех пор пока ты не повзрослеешь — вот правильный путь к цели. Можно повторять за кем-то, и делать так, как это описывает другой человек, но это не принесет тебе пользы, пока не привьётся к твоему сердцу. Полезно заглянуть в воспоминания и события, чтобы ты увидел, что из-за них произошло в твоем роду. Понимание — это сила».

Я заглянул в свою родословную и увидел те события и воспоминания, которые передавались из поколения в поколение.

«А теперь что делать?» — спросил я. Чистота ответила: «Теперь, когда ты узнал, что произошло в твоей родословной, нужно взять на себя ответственность за всё, что сделали твои предки и то, что сделал ты сам. В данном конкретном случае речь шла о страхе неудачи, которому было позволено оставаться в моей ДНК и передаваться дальше. Выбор стоял перед каждым из предков, и каждый в последующем поколении соглашался его оставить.

Следующий твой шаг состоит в том, чтобы осознать, что ты — Сын, и поэтому находишься под покровом Благодати. Если исключить Благодать из этого процесса, можно стать законником, тогда ничего не получится. Итак, поскольку ты находишься под покровом благодати и взял на себя ответственность за действия, вибрации и частоту, которые оказались в твоей ДНК, проси Отца осудить их, и поменять на частоту и вибрацию Его Любви.

Как только всё старое в твоей ДНК будет осуждено и перестанет владеть тобой, попроси также Отца с тем же яростным напором осудить всё, что мешало твоей жизни.

Процесс несложный, приходя и умаляясь как дитя, ты узнаешь ГОРАЗДО больше. Начни с этого и позволь Любви указать тебе путь. Есть много, что тебе ещё предстоит понять, но самое главное — оставайся ребенком. Лучше быть новичком в чём-то новом, чем экспертом в чём-то устаревшем».

Теперь я намного лучше понимал, что значит «грехи отцов, передаваемые из поколения в поколение», а также что произошло, когда Даниил просил прощения за «беззакония отцов наших». Это откровение абсолютно сочеталось с контекстом цены, которую уплатил Иисус. Теперь я понимал, что цена была заплачена за наше полное искупление. Нам остаётся получить к нему доступ и взять его себе с помощью Веры. Теперь у меня было представление и понимание работы с ДНК. Я был рад продолжить выполнять наставления Чистоты.

Когда я попросил Отца осудить мою ДНК, внутри меня словно вспыхнула молния, и частота и вибрация Любви вышли откуда-то изнутри. Они уничтожали каждую частицу страха неудачи и заполняли собой образовавшуюся внутри пустоту. Когда процесс с чёрным пятном на ДНК завершился, прежний звук исчез без следа, а свежеизлеченная ДНК напевала совершенно новый звук, как и вся остальная исцеленная Любовью часть. Широко улыбаясь, Чистота сказала мне: «Молодец». Она ещё говорила, когда мы вышли из ДНК и оказались в зале суда с Иисусом. Мне было любопытно, и я спросил: «Неужели всё это произошло здесь?» Иисус ответил: «Да, но в этот момент многое зависело от Веры. Тебе нужно было самому увидеть каково это, когда благодаря ей твоя ДНК исцеляется».

Поблагодарив Его, я понял, что пришло время вернуться через Врата на пляж. Прежде чем сделать шаг, я бросил последний взгляд на Иисуса. От атмосферы чуда, окружавшей Его, захватывало мой дух, и я никак не мог ею надышаться. Находиться в присутствии Иисуса означало переживать абсолютное всепоглощающее чувство любви. И Он единственный, кто мог исполнить это желание. Я сделал шаг назад и вернулся на пляж.

Мое понимание тех явлений, которые я только что пережил, немного возросло, но гораздо больше я принес с собой Любви.

# Царь Давид

# Глава 5 «Царь Давид»

## Деятельность в состоянии Покоя

Я стоял на пляже недалеко от Врат и, надеясь заметить что-то новое, внимательно их разглядывал. Хотелось узнать о них больше, особенно о том, как они функционируют. Когда я увидел свиток и съел его, эти Врата отворились, но это мало что объяснило мне, и вопросы еще оставались. Отойдя от Врат, чтобы посмотреть с другого ракурса, я почувствовал, как Дух Страха Господня сходит из них прямо на меня. Вступив в контакт и погрузившись в этот Дух, я испугался. Затем я почувствовал, что он исходит откуда-то с другой стороны. Я быстро обернулся и увидел, как ко мне приближается незнакомец, окруженный Духом Страха Господня. И это был Царь Давид.

Остановившись от меня в нескольких футах (около 1 м — прим. пер.), он сказал: «Прямо сейчас мы находимся на Небесах. Ты был послушен и съел свиток, потому и возникли эти Врата. Желание близости помогает тебе пользоваться ими. Когда ты закончишь свою книгу, откровение укоренится в тебе, и тогда это место и Врата закроются и разрушатся. Почему? Потому что к этому времени у тебя уже будет открыт внутренний доступ к откровению и к Людям в Белых Одеждах. Тебе не нужно будет куда-то идти за откровениями, так как всеведение и все Врата, которые тебе понадобятся, уже находятся внутри тебя. Позволь же Отцу повести тебя ко всем остальным Вратам».

Царь Давид говорил со мной о Вратах так, как ни говорил никто другой, хотя совсем недавно я слышал, как другие упоминают об этом. Теперь, глядя на Врата, я по-новому понимал, что происходит, и наконец, разглядел написанное наверху слово Надежда. И сразу понял, каким образом всё, с чем я столкнулся, будет укоренено во мне. Надежда была тем ключом, которого у меня никогда не было раньше. Посредством Веры, стоя перед внутренними Вратами, раскаиваясь во всем том, где мною не была возложена Надежда на Иисуса, я открыл внутренние Врата Надежды, которые ведут к Любви… И когда пребуду в ней, Папа по Своей благости посредством внутренних Врат Надежды начнет показывать мне, как получить доступ к фонду под названием «Люди в Белых Одеждах».

Они помогут мне совершить свой путь.

Царь Давид улыбнулся: «То, что ты только что понял — удивительно, и это действенно. А ещё тебе нужно отказаться от старого образа мышления. Пока ты не понимаешь самый важный принцип движения вперед, и потому пытаешься открыть внутренние врата не с той стороны».

Я удивился и сказал: «Вот это да! Что же я упускаю?»

Он ответил: «Покой».

Возникла долгая, но необходимая мне пауза. Во-первых, нужно было осознать, что я двигался в неправильном направлении, а во-вторых, «переварить» его слова, которые несли в себе столько силы! Когда он произнёс слово «покой», на меня обрушилась вся мощь спокойствия и тишины. Прошло довольно много времени. Пауза закончилась, и царь Давид продолжил: «Покой — это точка доступа к реальности. Именно покой позволит тебе возрастать в Его природе, и покой же есть начало ответственности и творчества. Когда ты захочешь получить доступ к внутренним вратам и ко всем другим вратам, твой покой станет отправной точкой. Ровно то же произошло с Иисусом, Который вознёсся и воссел одесную Отца, достигнув покоя.

Как начать входить в покой? Нужно позволить своему духу управлять остальной частью твоего естества. Физически войти в покой легко, труднее всего войти в покой эмоционально, потому что твоё физическое тело ориентируется на все твои эмоции. И поэтому главная цель — обрести эмоциональный покой, а он приходит, когда бразды правления переданы твоему духу. Внутри тебя есть Престол Покоя. Разреши Иисусу занять его. Когда ты отдашь Ему престол, Он пригласит тебя сесть на престоле рядом, чтобы вместе с Ним править и царствовать. Правление и царствование со Христом начинается внутри тебя.

Наше призвание — управлять галактиками и всем, что в них есть. Однако начинается всё с управления собой. Ты желаешь получить доступ к галактикам, но он будет исходить изнутри. Со временем тебе откроются и внешние врата, но доступ к вышнему ты ДОЛЖЕН производить изнутри. Многие люди, церкви и общины верующих в свое время пострадали и разрушились из-за попыток сделать всё наоборот. Кротость обретается в покое. В Мф. 5:5 сказано:

*«Блаженны кроткие, ибо они наследуют землю».*

Наследующие Землю — это те, кто научился вести дела из состояния покоя. Покой — начало кротости, он приносит такое состояние, где существует истинная сила, и это то место, где даруется истинная ответственность. Унаследовать Землю — это всего лишь начало. Ты потратил так много времени на ДЕЛАНИЕ. Пришло время, когда необходимо научиться ПРЕБЫВАТЬ и управлять из состояния покоя, а значит стать настоящим Царем.

Если ты приходишь ко Вратам Надежды и Любви с прежним отношением, то всё будет зависеть от твоих дел и того, как ты их выполняешь. Если же приступаешь к ним в состоянии покоя и позволяешь Любви показать тебе, что нужно сделать, чтобы Врата Надежды и Веры открылись, тогда ты полагаешься не на дела, а на своё истинное состояние — быть тем, кто ты есть. Так поступают цари. Царь «пребывает» в покое, потому что настоящее правление и распределение ресурсов происходит именно в таком состояния. Когда ты правишь как Царь, который находится на Небесах, у тебя будет вся информация, необходимая для принятия решений. Если раньше ты пытался принимать решения, не имея полноты информации, то сейчас пришло время остановиться и войти в покой. Это позволит тебе увидеть картину событий с Божьей точки зрения. Начни с того, чтобы снова уступить Ему Престол Покоя твоего сердца, и только после этого действуй. Твои решения и действия останутся импульсивными, если ты не научишься пребывать в состоянии покоя. Неважно к каким результатам приведет твоё решение — добрым или злым, если решение принято импульсивно, оно всё равно неправильное, потому что, когда ты его принимал, ты не был соединен со Христом. Все импульсивные решения, принимаемые тобой, служат только твоим интересам.

Я поблагодарил царя Давида, и он исчез. Я подумал, что пришло время научиться входить в покой. Даже сама мысль о том, чтобы сделать хоть что-то ещё под влиянием импульсивности или пытаться входить через врата неправильным путём, который я придумал только для своей выгоды, стала мне отвратительна.

Я полностью вышел из небесной встречи. Мне необходимо

было всё переварить и начать практиковать состояние покоя. Я понял, что лучше всего это может получиться в лесу, куда я езжу на квадроцикле, или отправляюсь на рыбалку, разогнавшись на лодке до предельной скорости, чтобы быстрее доплыть к следующему рыбному месту. В то время у меня была возможность пользоваться четырехколёсным квадроциклом «Honda 420 Rancher» камуфляжной раскраски. Я знал, где находится великолепный пруд с крупным окунем, поэтому схватив удочку, катушку, коробку со снастями, я понёсся на квадроцикле к пруду.

Это место стало для меня особенным. Большой и глубокий пруд был окружен деревьями. Каждый раз, оглядываясь вокруг, можно было обнаружить дерево, встрепенувшееся от прыжка белки или прошедшего мимо крупного оленя. Вода здесь всегда была спокойной, а летним утром озеро накрывал туман, и тогда обстановка становилась просто волшебной. Как только туман рассеивался, пруд был виден как на ладони, отражая в своей глади окружающие леса. Это было захватывающее зрелище особенно по вечерам. Добавив к этому факт, что пруд был наполнен крупным окунем, можно получить готовый рецепт, как через творение в природе разглядеть Бога.

Меня манило это место. Я припарковал квадроцикл у насыпи и, присев, стал смотреть на пруд. Как обычно наступила тишина (физическая и эмоциональная). Прошло около тридцати минут. Спустя еще пять минут я начал ощущать чье-то приближающееся ко мне присутствие. Обычно я улавливал шум машины, идущей по дороге, но сейчас эти звуки напоминали шорох человеческих шагов. Я пошёл в сторону дороги и вдруг понял, что этот шорох на самом деле остался позади меня. Обернувшись, чтобы осмотреть лес, я снова увидел царя Давида, идущего ко мне навстречу. И хотя всё это происходило в духе, я был ошеломлен, что Давид пришёл «именно сюда». Глядя на него, я спросил: «Красивое место, верно?» «Захватывает дух», — сказал он. «Большое спасибо, что ты пришёл, но почему ты здесь?» — спросил я. «Потому что именно здесь ты находишься в состоянии покоя. Я хотел показать тебе, что всё, к чему ты получаешь доступ, когда «входишь в контакт» с нами, становится твоим лишь в состоянии покоя. Важно пребывать и быть в нём, а не делать дела. Решись в своём сердце прожить всю жизнь в состоянии покоя», — ответил он.

Я развеселился и спросил: «Отлично, что ты пришёл сюда! А что ты думаешь о моём квадроцикле в камуфляжной раскраске? Он классно носится по бездорожью». С озорной улыбкой Давид ответил: «Ну, в моё время мы носились на колесницах, запряженных лошадьми. С мечом наперевес сражались с великанами. А твой квадроцикл я отнёс бы к варианту для любителей, но не для профессионалов».

Он от души расхохотался, и всё дальнейшее наше общение наполнилось смехом и уважением друг ко другу. Мы шутили. Мы говорили о различиях между нашими эпохами на Земле. В это время выстраивались наши отношения. Между нами будто происходил некий обмен почестями и жизнью. Я предположил, что хоть Ему и есть что сказать мне о поклонении и многом другом, но это будет в другой раз. Немного порыбачив, я решил, что пора идти. Царь Давид исчез, а я поехал домой на своем «любительском» квадроцикле.

Когда я приехал домой, настало время рабочих будней, и поэтому я сел в свой пикап и поехал по адресу назначения. В то время я подрабатывал курьером, и мне хорошо платили за доставку по больницам, и к тому же часть дня полностью принадлежала мне. И хотя эта работа нравилась мне, временами я испытывал к ней отвращение. Вы даже не представляете, чем обмениваются клиники. В одной из них я забрал переносной холодильник и направился в другую. Вдруг зазвонил телефон. На линии был брокер, предложивший мне договор с БОЛЬШОЙ местной компанией на курьерские услуги. Это был шанс для меня. На все мои вопросы этот человек отвечал профессионально, и поэтому я сказал ему, что перезвоню через двадцать четыре часа. Я был рад, и мне точно не помешал бы хороший заработок. В тот самый момент, когда закончился наш разговор, я твердо решил управлять своей работой и жизнью так, как предложил царь Давид.

Поздно вечером, когда я ложился спать, я решил отказаться от права принимать импульсивные решения насколько это было возможно. Но поскольку у меня оставалось много вопросов, сначала я хотел достичь состояния покоя и начать жить из него. Моя молитва была проста: «Иисус, я понятия не имею, что делать, и, честно говоря, я устал думать об этом. Я здесь, я засыпаю, я сдаюсь Тебе и восхожу в Твоё присутствие». Я начал практиковать покой с того момента, как узнал, что это возможно. В 2004 году я начал видеть яркие ясные сны, но никак не мог понять, почему это не происходит каждую ночь. Как только я перешел к вышеописанной практике, сны из метафорических стали очень реалистичными, наполненными яркими удивительными встречами в течение всей ночи.

Прямо перед сном я почувствовал, как переношусь из своего тела на Небеса. Там я побывал в той компании, которая сделала мне предложение. Я вошел в их компьютеры. Побывал в системе бухгалтерского учета, увидел, как они зарабатывают деньги, как считают маржинальность и какие ставят цели перед бизнесом. Я не бухгалтер и не имею специального образования в этой области, однако я все понимал и видел, где можно было бы внести полезные для дела изменения. Я побывал на совещаниях, мне было позволено услышать, что происходило на встречах в прошлом, и что будет происходить на совещаниях в будущем. Я увидел их видение, цели, отношение к сотрудникам и даже систему, с помощью которой сотрудники вносят свои предложения, а также желание учредителей компании, их мотивацию, с которой они её создали. Ни одна деталь всех её уровней не была сокрыта от моего взгляда, даже небольшие ссоры между коллегами.

На следующее утро я проснулся просвещенным. Моя совесть была чиста, поэтому я спросил Святого Духа, почему мне было разрешено это увидеть? И хоть на меня это всё равно никак не повлияло бы, всё же мне было любопытно. Святой Дух немедленно ответил: «Мы хотели, чтобы у тебя была вся информация, прежде чем ты примешь решение. Ты увидел всё — хорошее и плохое. У нас не было цели склонить тебя к какому-то решению, оно за тобой. Тебе просто нужно было увидеть, что происходит, когда ты сдаёшься, правишь и принимаешь решения из состояния покоя».

У меня больше не было вопросов. Ответ был ясен. Управлять с Небес действительно было намного лучше, чем пытаться анализировать неполную информацию, почерпнутую от брокера.

Смысл всего происходящего и этих решений в том, чтобы они больше не произрастали из Древа познании добра и зла. Для меня это стало началом великого пути в покой и всеведение. Папа действительно всё знает, и ничто не скрыто от Его взгляда. Я понял, что Он хочет,

# Назорей

# Глава 6  «Назорей»

## Честь

Сидя в своем кресле славы (вообще, это - обычное кресло у меня дома, в нем я общаюсь с Небесами), я решил снова побывать на пляже. И прежде, чем я закрыл глаза, у меня появилось ощущение, что меня уже кто-то там ждёт. Все еще находясь на Земле, я уже чувствовал этого человека. Он был огромного духа. И чтобы не испугаться его, мне потребовалось дополнительно уверить себя, что все в порядке, что я знаю, кто я такой, что мне можно, а что нельзя.

Я ощущал в нём одновременно кротость и пылкость, смелость и предельную честность. Я рассмеялся про себя, когда прочувствовал это, и закрыл глаза, чтобы увидеть его.

Я появился на пляже левее Врат на некотором расстоянии от них. И тут же поразился той монументальности, с который этот человека предстал передо мной. Но не размер и рост придавали ему вес, а мощь и честь. Самсон был настолько сильным воплощением чести, смирения, кротости и силы, что я посчитал необходимым поклониться ему, чтобы проявить уважение. На него было трудно смотреть. Глядя прямо в глаза взглядом, пронизывающим насквозь, он проник прямо в мою душу.

Самсон обратился ко мне спокойным голосом: «Здравствуй, Джозеф. Для меня большая честь познакомиться с тобой». Набравшись смелости, чтобы говорить, но всё ещё сомневаясь в себе, я ответил: «Как это так — для тебя честь познакомиться со мной? Я не хочу изображать ложное смирение, мне это правда интересно». Он улыбнулся и сказал: «Ты задаешь этот вопрос, потому что пока не понимаешь, что такое честь». Я на мгновение остановился, чтобы свериться с сердцем и спросил: «Хорошо, но ты ведь мне расскажешь?» Самсон не дал прямого ответа на мой вопрос, но продолжил: «Сначала ты должен увидеть, кем ты был прежде основания Земли. Постепенно узнавая, кем ты был тогда, ты придешь к пониманию грандиозности того, кто ты сейчас. Честь — это прежде всего то, как ты видишь себя, а затем — как ты видишь других. Честь исходит от Сердца и является результатом работы, проделанной внутри. Уважение — это действие, которое обязательно последует за работой, проделанной Честью в твоем сердце. Почему именно на Небесах ты чувствуешь так много чести? Потому что сердца обитающих здесь очищены. Кротость — это основание, на котором растет честь. Сила, обузданная покоем есть кротость. Только она может создать такую атмосферу, в которой проявляется честь.

Всем убитым мною людям перед их смертью я воздавал честь, и это не потому, что был агрессивнее, смекалистей или сильнее их (хотя всё это имело место быть), а потому, что я жил в кротости. Я трезво оценивал себя (в моей жизни были огромные слабости), поэтому я смотрел на каждого противника, пытающегося убить меня с правильной точки зрения, оказывая ему почесть перед смертью. Правильный взгляд на себя определял правильный взгляд на других, позволяя действовать соответствующим образом». Самсон так ясно соотносил убийство своих врагов с оказанием им почестей, что единственное, что я смог вымолвить, удивленный этим, было: «Ничего себе!».

Самсон продолжил: «В Матфея 5:9 говорится:

*«Блаженны миротворцы, ибо они будут наречены сынами Божиими».*

В наши дни многие люди в теле Христовом считают миротворчество равнозначным либо пассивности, либо навязчивому контролю, либо всякому другому «хламу» типа неконфликтности. Те, кто ведёт себя подобным образом, являются полной противоположностью истинного миротворца».

Самсон остановился. Следующее, что я сделал, задал ему логичный вопрос: «Так что же такое настоящий миротворец, настоящий Сын?» Он продолжил: «Чтобы начать жить в откровении о миротворчестве, ты должен заложить в свою жизнь фундамент чести и кротости. Эти вещи не могут существовать раздельно. Мне удалось установить в своё время мир, но началось это вовсе не с победы над целой армией.

Я был поставлен судьёй потому, что во мне был заложен твердый фундамент. Прекрасно быть миротворцем, но почему? Потому что, если в твоей жизни заложен правильный фундамент, миротворчество станет выглядеть так, как захочет этого Отец. В моем случае миротворчество было победой над целой армией».

«Есть ли у миротворчества ещё какие-либо основополагающие принципы, которые я должен знать?» — спросил я. «Да, с ростом чести и кротости в труде миротворца существует ещё один жизненно важный ингредиент — Милость. В Матфея 5:7 сказано:

*«Блаженны милостивые, ибо они помилованы будут».*

Для многих труднее всего будет достичь роста в милости. Милость Отца крайне оскорбительна тому, кто не осознал, как много ему было дано. Чтобы проявить милость, человек сначала должен иметь возможность и  способность кого-то наказать. Тебя учили, да и по всей Земле распространено мнение, что, когда совершается зло, наказание неизбежно. У Отца есть возможность и право наказывать, но Он так возлюбил каждого, что нашёл способ, избежать наказания навсегда. Он проявил милость ко всей Вселенной», —  ответил Самсон.

Я поблагодарил Самсона за то, что он рассказал мне, и спросил, хочет ли он мне поведать что-нибудь ещё о чести. Самсон продолжил: «И оказание почестей, и их принятие зависит от смирения человека. Если ты не находишься в состоянии смирения, когда оказываешь почести, то ты льстишь, делая  это, чтобы получить что-то взамен. Например, хочешь понравиться этому человеку, быть им принятым и одобренным. Чтобы принять почести, ты должен находиться в глубоком смирении. Когда тебе  оказывается почесть и ты пребываешь в правильном внутреннем состоянии, то тогда жизнь будет перетекать друг ко другу, как от дающего её, так и от получающего, и вы начнёте быстро возрастать, просто находясь в присутствии друг друга. Почесть, получаемая от Бога, действует таким же образом. Мы должны достичь такого состояния, в котором мы настолько охвачены почестью, оказанной нам Отцом, что уже не боимся оказывать честь другим, и с достоинством принимаем честь, оказанную нам. Папа нашёл нас, когда мы были в самом наихудшем состоянии. Он отождествил Себя с нами и показал нам, кто мы есть и какими Он видит нас. А затем Он даровал нам наивысшую почесть всех веков, времён и творений, назвав нас Сыновьями. Он сделал это, потому что Иисус Христос занял самое униженное положение вместо нас,  показав всему творению Божий путь умиротворениям — наивысшую честь, когда из нижайшего положения знаешь, кем ты являешься на самом деле и на что способен».

Пытаясь понять масштабы всего, что только что сказал Самсон, я задал ещё один вопрос: «Самсон, ты оказал мне величайшую честь, которую не смогут описать мои слова. Извини, что медленно воспринимаю эту информацию. Можешь ли ты подвести итог всему сказанному для того, чтобы потом мне можно было обдумать и разобраться в этом?»

Самсон улыбнулся: «Я рад помочь тебе, но после этого мне надо будет идти. Я изложу это так, чтобы тебе было легко понять. Пойми, под каждым словом скрывается множество уровней смысла, которые тебе нужно будет прорабатывать в своей жизни. Господь с радостью поможет тебе в этом, когда ты начнешь возрастать в познании.

Истинное миротворчество зиждется на фундаменте чести, смирения и милости. Каждый Сын призван быть миротворцем. Чтобы возрасти в этом откровении, потребуется рост в тех областях, о которых мы говорили. Начало чести — увидеть себя тем, кем ты был прежде основания Земли. Далее — верно понимать, как Отец видит тебя сейчас. Смирение рождается из правильного взгляда на себя — оно необходимо для того, чтобы поступать по Милости. Когда ты осознаешь, какая милость была оказана тебе, тогда ты сможешь быть милостивым к другим с помощью чести и смирения, став настоящим миротворцем. Все люди начинают с разных позиций, но форма милости для всех остается и действует одинаково, направляя внимание к главному акту миротворчества, которым всё формируется — ко кресту».

Всё, что сказал мне Самсон, было настолько велико и тяжеловесно, что я потерял сознание. Я был ошеломлён, осознав грандиозность того, что на кресте совершил Иисус. ОН стал наивысшим актом миротворчества и знамением богатства Божьей милости пребывающим на Небесах вовек, растраченной Самим Богом, который принял человеческий облик в наивысшем акте смирения. Он оказал честь мне — тому, кто появится на Земле только спустя 2000 лет. Это воплощенное милосердие, проявленное ради меня. Неудивительно, что миротворцы будут наречены сыновьями Божьими. Я больше не мог этого вынести. Я попытался выйти из контакта, и когда выходил, всё, что мог видеть перед собой

— крест. Каждый раз, когда я смотрел на него, меня вновь уносило обратно в ту самую тяжесть и то самое место на пляже, где я был раньше.

Наконец-то я принял решение остаться там столько, сколько потребуется, понимая, что в это время буду недееспособен на Земле, потому что все, что я мог сейчас делать — лежать ниц на пляже. Казалось, прошло несколько лет. Я постепенно привык к тяжести той славы, которая мне открылась здесь. Видимо, теперь она никуда не уйдет. Я перевернулся на спину и посмотрел на Небеса, и когда волна снова прошла через меня, я увидел там крест, на котором Агнец был распят прежде основания Земли. Он был на Небесах на виду у всех… навсегда.

# Моисей

# Глава 7 «Моисей»

## Вера и справедливость

Моисей был элегантен, полон любви и немного причудлив. Я понял, чем больше мой ум открывается для Папы, и чем сильнее я желаю и чаще учусь приходить в резонанс с высокой частотой на Небесах, тем лучше понимаю, кто такие Люди в Белых Одеждах и что они нам несут. Когда я назвал Моисея причудливым, то имел в виду, что видел в нем нечто такое, что по мнению моего разума никак не может быть естественным или нормальным. Сталкиваясь с тем, что мозг отвергает подобную возможность, начинаешь понимать, насколько мало знаешь и как слабо владеешь данной ситуацией.

Моисей приближался ко мне, от него веяло сопереживанием. Вид его был наполнен такой мощью и огнем, что практически внушал почитание, напоминающее мне то ощущение, которое я испытал от ликов Отца. Приблизившись, он улыбнулся совсем как Отец, и встал рядом со мной.

Я давно стремился установить отношения с Моисеем и видел неоднократно, как он вносил свой вклад в мою жизнь. Но лицом к лицу мы встретились впервые. Я очень волновался о том, что он будет говорить, но был рад провести с ним время. Моисей сказал: «Приветствую. Замечательно, что наконец-то мы увиделись с тобой лично. Я многое вложил в тебя и твое поколение. Я хочу поговорить с тобой, но сначала хочу познакомить тебя кое с кем».

Через несколько мгновений Моисей продолжил: «Я хочу познакомить тебя с Верой. Вера — это буквально то, из чего состоит Бог, это Его субстанция. Когда мы говорим, что Вера выступает как некая сущность или существо, то мы подразумеваем, что энергетическая субстанция Бога проявила Себя как пространственное существо. И поскольку Вера — буквально субстанция Бога, стать пространственным существом для нее означает возможность проявляться любым способом, каким захочет. Но то, как Она это делает, происходит неслучайным образом. Вера всегда ищет такой способ проявить себя, который будет тебе понятен, чтобы научиться и вырасти максимально, потому что Отец любит тебя.

Вера пребывала со мной все дни моей жизни на Земле. Поэтому, когда ты видишь Веру — это значит, что и я нахожусь где-то рядом. Вера совершает многое. Она покажет тебе МАССУ удивительного, и всегда будет иметь направление, которое приведет тебя к Любви. Если Вера показывает тебе нечто такое, что тебя удивляет или учит тебя совершать что-то поразительное, это будет сделано с помощью Любви и ради Любви. Вера побудит тебя отдать Отцу такие части своей личности, о существовании которых ты и не знал. Она подтолкнет тебя к тому, чтобы обменять все то, что и не думал обменивать. Почему? Потому что цель Веры привести тебя к Отцу».

Моисей на секунду остановился, а затем продолжил: «Я так стремлюсь вносить свой вклад в твое поколение. Во-первых, это желание Отца, а во-вторых, то, что я пережил на Земле, должно быть предназначено многим. Наивысший уровень реализации в жизни ты достигнешь только в том случае, если выполнишь предопределенное и сказанное о тебе прежде основания Земли. Отец так сильно любит тебя, что Он разработал специально для тебя такой путь, который приведёт к росту в откровениях о Нем и к качественно новому уровню ваших отношений».

Я наблюдал за тем, как говорит Моисей и мой дух перехватывало от его слов. Он сообщал мне волю Отца, волю для моей жизни, так и для жизни других. Помимо этого, здесь на небесах можно было заглянуть в жизнь Моисея, когда он был на Земле — когда он там говорил с окружающим людьми, формировалась и создавалась действительность для грядущих поколений. Слова, выходящие из его уст, обладали такой силой к созиданию и несли в себе так много образности, что они творили не только духовную реальность, но и физическую. Путь, который открыл Моисей, очень сильно сблизил его с Отцом, так что между ними не было разделения в желаниях. Следовательно, все, что желал в духовном мире Моисей, могло прямо перед ним открыто проявляться физически. Ему было одинаково легко создавать духовную реальность, которая открывала ему дверь для перемещений, и словом творить физические объекты. Все было очень естественно.

Как только я это понял, рядом с Моисеем появилась Вера. Она выглядела не так, как я её себе представлял. Я ожидал от нее чего-то экстравагантного, но в этот раз Она выглядела как ангел. После рассказа Моисея о Вере я понял, что вижу далеко не всё, поскольку сейчас Она казалась очень простой, немудрёной и доступной.

Еще я знал, что мне предстоит чему-то научиться. Моисей подождал, чтобы я впитал видение, и продолжил говорить: «Один из секретов, который позволит тебе пользоваться тем, что ты узнал — это смирение. Истинное смирение проявляется в отказе от контроля над своей жизнью. Проживать каждый день, всем своим существом осознавая, что всё, что ты имеешь, желаешь, и в чём нуждаешься, от начала и конца — это Он — это и есть воплощение смирения и начало силы. В Матфея 5:3 сказано:

*«Блаженны [духовно благополучны, счастливы, ими восхищаются] нищие духом [лишенные духовного высокомерия, считающие себя ничтожными], ибо их есть Царство Небесное [ныне и вовеки] ( перевод AMP)».*

Моисей продолжил: «Многие придерживаются ложного предположения, что быть нищим духом означает быть бедным, слабым и даже лжесмиренным. Но быть нищим духом означает другое — смирение и трезвый взгляд на себя (см. Рим. 12:3). Легко увидеть, чего у тебя нет, трезвый же взгляд требует видеть, что тебе уже было доверено. Есть люди, которые проехали по всему миру в поисках более высокого уровня отношений с Папой, но они так и не поняли, что у них уже есть. Они думают, что эти отношения должны выглядеть так, как у кого-то другого. От этого они и не чувствуют себя удовлетворенными. Решение этой проблемы — внутри них самих, и оно уже есть. Истинное смирение начинается с осознания того, что у тебя есть, а не с того, чего нет, и дано оно не по твоим делам, а по ответственности, которой ты наделен. Быть незначительным лишь означает не воспринимать себя слишком серьезно. Когда ты до конца вникнешь в то, о чем я говорил раньше, ты будешь знать, что возникнут такие ситуации, когда то, что тебе дано, вдруг кому-то понадобится, и тогда ты раскроешься. Будут также ситуации, когда этого не понадобится вовсе. Трезвый взгляд на себя поможет тебе определить правильный ответ. Смиренным обещано Царство Небесное, важность смирения нельзя недооценивать».

Я поблагодарил Моисея за его слова и посмотрел на Веру, думая про себя, какой же урок мне преподнесло её появление? Вера улыбнулась и сказала: «Урок о простоте. Бог обладает многогранностью, а Простота — одна из Его граней. Он нетруден для понимания и всё, чего желает — твоей любви». Здесь Вера затихла, и вступил Моисей, продолжая эту тему: «Если искать что-то одно-единственное, знаменующее мою жизнь на Земле, что я хотел бы показать другим — это любовь. С любви я всё начал, она поддерживала меня, когда я отвечал за миллионы людей, и только благодаря силе любви я мог отдать приоритет сначала людям, а потом считаться с собой».

Моисей на минуту остановился, и я спросил: «Там же были миллионы людей и, вероятно, еще больше проблем. Они замышляли зло, несправедливо относились к тебе и делали так много плохого. Как ты смог так сильно полюбить их, что ставил их благо на первое место, тогда как многие желали тебе смерти и причиняли обиды?» Моисей широко улыбнулся: «Я так надеялся, что ты задашь этот вопрос. Моя главная цель на Земле сегодня  научить других людей делать то, что я делал в своё время  — созерцать Лики Отца, сидеть вместе с Ним за Его трапезой. Поэтому мой ответ прост: Единственный способ полюбить человека злого, обижающего тебя — уничтожить собственное представление о правильном и неправильном, справедливом и несправедливом, отдав эти понятия Небесам. Ты живешь этими  представлениями, потому что был так научен, но их корни в Древе познания добра и зла, а не в Древе жизни. Небесные представления о справедливости и несправедливости полностью отличаются от твоих собственных. Повторюсь, но само представление о добре и зле через Древо познания уходит корнями в твою ДНК. Ты должен отказаться от права судить в своем сердце о том, что правильно, а что нет, отказаться от права вершить правосудие по своей системе ценностей и навсегда отдать это право Системе Справедливости Небес. Вот почему отмщение принадлежит Отцу (см. Римлянам 12:19-20), это помогает хранить  сердце от обид. Дело не в том, что нужно вовсе отказаться от понятий добра и зла, правды и неправды, а в том, что должен измениться источник оценки, потому что все, что судимо, должно судиться с Небес. Тебе решать, кто выступит судьей  — ты или Бог.

Итак, продолжая  отвечать на твой вопрос, я смог полюбить людей, потому что в моем сердце не было места, открытого для обид. Я отказался от своего права и способности судить людей, прося совета и умоляя о милости для них, отдав это Небесам. Быстро прощать я мог потому, что понимал  — чаще всего они и понятия не имеют, что творят. А я понимал, что происходит, поэтому справиться с этим было моей ответственностью.

Вначале я была незрел, и тратил буквально все свое время на то, чтобы донести каждую проблему до Отца, пытаясь делать все самостоятельно. Хотя  это было по неопытности, сам подход и постоянная его практика все же сделали меня готовым к тому, чтобы вступить в позицию предназначенной мне власти.  Это стало для меня периодом подготовки. Чтобы справиться с потоком вопросов и каждый принести  Папе от имени всего народа и ради его блага (см. Исх. 18), я должен был любить всех. Всех их! Любить больше, чем себя. К чему это привело? Практика постоянного решения вопросов в Судебной Системе Небес и получения  знаний Отца по любому вопросу помогла мне начать учиться Его путям.

Давид написал об этом в Псалме 102:6-7, где сказано:

*«Господь творит правду и суд всем обиженным. Он показал пути Свои Моисею, сынам Израилевым  — дела Свои».*

И дальше в следующих стихах Давид говорит о путях Папы так: очень важно понимать их  — здесь описано, как Отец подходит к праведности и справедливости в рамках Системы Правосудия Небес. Посмотри на следующие несколько стихов:

*« Щедр и милостив Господь,*

*долготерпелив и многомилостив:*

*не до конца гневается, и не вовек негодует.*

*Не по беззакониям нашим сотворил нам, и не по грехам нашим воздал нам:*

*ибо как высоко небо над землёю,*

*так велика милость Господа к боящимся Его;*

*как далеко восток от запада,*

*так удалил Он от нас беззакония наши;*

*как отец милует сынов,*

*так милует Господь боящихся Его.*

*Ибо Он знает состав наш,*

*помнит, что мы  — персть».*

«Отец вершит правду по отношению ко всем Своим детям — таков Его подход. Поэтому, если один сын совершит против другого большую несправедливость, Папа подойдет к решению ситуации с уважением и почтением по отношению к обоим. Это не значит, что последствий проступка не будет. Это означает — Любовь победит, что прямо противоречит тому, как большинство людей понимает справедливость. Многие хотят такой справедливости, когда победа будет принадлежать только им, а не Любви. Тогда как человеку приблизиться к правильному пониманию? Задайте вопрос: «Как в данном случае может победить Любовь?» Этому я научился, читая события, описанные в 18-й главе книги Исход. Ты обязан научиться Его путям, если хочешь участвовать в Его трапезе».

Немного сбитый с толку я спросил: «Благодаря опыту мне более-менее понятна Судебная Система Небес, но как вытащить Древо познания из моей ДНК, чтобы возрасти в способности хранить сердце вне обид?»

Улыбаясь, Моисей ответил: «Так же, как ты делаешь все остальное, с помощью причастия». Я поразился и воскликнул: «КОНЕЧНО!» А после этого засмеялся вместе с Моисеем. А затем он сказал: «Иди». Вместе с Чистотой я вошел в свою ДНК, и, проходя уже знакомый мне процесс, увидел на этот раз не черное пятно, а целое покрывало, обернутое вокруг моей ДНК. Справиться с ним было даже легче, чем раньше. Вернувшись назад, я нес в своем серд-це Чистоту и подлинную Любовь. Я долго смотрел на Моисея и глубоко от сердца благодарил его. Моисей улыбнулся и исчез.

# Возлюбленный Иоанн

# Глава 8 «Возлюбленный Иоанн»

## Любящие

Я лежал на пляже и, вглядываясь в галактики, размышлял над недавними встречами. Мой мозг был будто не в себе, перерабатывая слишком большой поток откровений и информации, все, что я получил за короткий промежуток времени. И я подумал, нужно бы отказаться от общения с окружающими людьми примерно на год, чтобы всё переварить. Однако эта идея меня рассмешила. С какой радостью я благодарил Иисуса, что могу от души нахохотаться, потому что нет ничего лучшего в состоянии с перегруженной головой, чем смеяться от радости. На самом деле это такой способ передать Ему рычаги управления.

Я всё ещё смеялся, как вдруг на меня обрушилась мощная волна любви. Смех понемногу стих, и меня поглотило ощущение довольства и трепета. Я просто утонул в любви, которая была превыше всякого моего разумения. Затем сделал глубокий вдох и выдох. К моему удивлению, я почувствовал присутствие Любви как сущности. Она сделала то же самое — вдох и выдох, продолжая и дальше вдыхать и выдыхать синхронно со мной. Я наблюдал за этим ощущением еще какое-то время и наконец, поднял свой взгляд и увидел Иоанна Возлюбленного, идущего ко мне навстречу. Помимо факта, что он до сих пор жив, он до такой степени отличался от остальных, что это невозможно описать словами. Он был воплощением Любви. «Любимый ученик», «Возлюбленный» — эти слова могли бы стать самой лучшей характеристикой для него. Он излучал Любовь, которая источалась изнутри самыми высокими частотами. Я не смог усидеть, и поэтому встал, чтобы обратиться к нему. Поблагодарив за визит, я спросил, зачем он пришел. Он рассмеялся и ответил: «Ну, ты всё о делах, да о делах». Такой ответ застиг меня врасплох, и я сказал: «Ох, даже не знаю, как реагировать. Думаю, я слишком сильно был настроен на результативные встречи, а не на отношения». Иоанн Возлюбленный рассмеялся вместе со мной и произнес: «Потрясающе! Поскольку ты всё больше времени проводишь с Людьми в Белых Одеждах и узнаёшь их лучше, то с кем-то у тебя, возможно, завяжется дружба. В принципе ты уже подружился с некоторыми из нас. Давай сейчас присядем на песок, посмотрим на Землю и поговорим». С почтением и удивлением я сказал: «Конечно!»

Он был настолько во мне заинтересован, что единственное, что я мог чувствовать в этот момент — удивление. Возлюбленный задавал вопросы от чистого сердца, и по их содержанию я видел, что он искренне заинтересован во мне. Я никак не мог понять, как он это делает. Заданные им вопросы были превосходными, но его намерения по отношению ко мне были еще лучше.

У этой встречи не было плана, не было ничего, кроме искреннего желания узнать меня лучше. После тридцати минут вопросов, ответов и разговора по душам я почувствовал, что пришло время задать ему мой вопрос. Прежде, чем я спросил разрешения, он ответил: «Конечно, можешь спрашивать все, что хочешь».

Подбирая слова, я начал: «Вот вы, наконец, так сказать, стали выпускником школы Христа и перешли на совершенно новый уровень жизни — ... что для вас теперь самое важное?»

Улыбаясь, Возлюбленный произнес: «Я так счастлив, что ты спросил об этом, и ответ будет простым — Любовь». Он сделал паузу, чтобы услышанные слова уложились в моей голове, и продолжил: «Разреши мне показать это на примере». Положив руку мне на плечо, он продолжил: «Посмотри на Землю и скажи, что ты видишь». Глядя на Землю, я понял, что смотрю на нее будто вне времени. Я видел какие-то события, понимая, что они уже произошли, но многим из них предстояло случиться, они были «ещё впереди».

Первым, что я увидел, был некий человек, который попал в ситуацию, связанную с неизбежной смертью. Этот мученик умирал ужасной смертью, но охотно принял свою смерть. Он проявлял безмерную любовь к тем, кто его мучил и убивал. Я взглянул на Иоанна и сказал: «А я думал, что Иисус умер, чтобы мы могли жить».

Он посмотрел на меня и ответил: «Всё, что ты видел, совершенно угодно и близко сердцу Отца. Твоя задача — влюбиться в Него так сильно, что уже не будет важно, умрешь ты или выживешь, потому что любой исход — это доверие Ему. Сделав так, ты станешь способным не судить по своим понятиям то, что видишь, но увидев событие, сразу поймешь, что нет большей любви, чем эта. Когда человек отдает жизнь за своего брата, то этим поступком он проявляет еще больше любви прежде всего к Отцу, потому что полностью доверил Ему свою жизнь. Тот человек, которого ты увидел, полюбил жителей своего селения такой большой любовью, что смог отдать свою жизнь за них. Каков результат? Каждый житель этого селения будет спасен, так как всего один его представитель стал семенем Любви — семенем, из которого вырастут многие насаждения Праведности».

Иоанн продолжил: «Посмотри еще раз на Землю, и ответь мне, что увидишь». Я снова взглянул, и на этот раз увидел какой-то детский дом. Это было ужасное зрелище. Дети тут страдали от голода и разных невзгод так сильно, что не передать словами. Те, которым едва исполнилось два года, научились самостоятельно садиться за стол, надевать себе нагрудник и есть. В любой другой ситуации это считалось бы замечательным достижением, но здесь было обязательным условием, не выполнив которое дети лишались еды. Воспитательница их ненавидела. Все, что дети знали со дня своего рождения — это ненависть и инстинкт самосохранения. Многие малыши умирали, что считалось нормой — «одним ртом меньше!»

По моему лицу текли слезы, и я попытался отвернуться, но Возлюбленный попросил меня смотреть дальше. Наблюдая, как дети рассаживаются за столом, я заметил прислонившуюся к стене маленькую истощенную девочку. У нее не было сил бежать, чтобы усесться на стул, потому что на ноге был огромный синяк, причиняющий сильную боль. Взрослые смотрели на нее и смеялись, приговаривая: «Значит, сегодня вечером ты без ужина». Они ходили по комнате, перешагивая через ребенка. Я больше не мог этого выносить и встал, чтобы уйти. Однако почувствовал, что Иоанн Возлюбленный встал позади меня и осторожно придержал своими руками мою голову, чтобы мне продолжить смотреть на Землю. Держа так мою голову, он не давал мне возможности уйти. «Сделай глубокий вдох и продолжай наблюдать», — сказал Возлюбленный.

После того, как подали небольшое количество еды, взрослые ушли, предоставив десять-пятнадцать младенцев самим себе. Самой старшей девочке было, наверное, года три. Дети, которые сидели за столом, принялись за еду так, как будто сегодня им больше ничего не дадут. Вполне возможно, что так уже бывало. Один младенец, еще даже неспособный говорить, вдруг заметил девочку, хнычущую на полу. Не задумываясь, ребенок спустился со стула, стянув со стола свою деревянную миску. Миска разбилась, еда растеклась повсюду. Ребенок отделил осколки от пищи и собрал еду в кучу, а затем махнул рукой девчушке, чтобы та подползла и поела. Когда двухлетний мальчик понял, что ей слишком больно двигаться, он сам подбежал к девочке и накормил ее, а потом доел то, что осталось. Вот все и закончилось, Иоанн Возлюбленный отпустил мою голову и я упал на землю так, что, казалось, вышел из строя навсегда.

Иоанн лег рядом со мной, по-отцовски обнял меня и сказал: «Такова реальность на Земле. Хотел бы я, чтобы все малыши спаслись и начали жить нормальной жизнью, но ты знаешь, что так не будет. Самое главное — это Любовь. Прочувствовав эмоции Отца, ты увидел Его глазами проявление одного из чистейших актов бескорыстной Любви на Земле. Тяжело смотреть на это, но такова правда. Поступок мальчика — земное отражением природы Иисуса и цены, которую Он заплатил. Возможно, никакой человек не сможет спасти этих детей, но чистая Любовь, которую он излучает и проявляет, будет свидетельством для Вселенной на грядущие века. У Отца для таких людей есть особое место в Сердце, и даже если они остаются одни, они никогда не познают одиночества. Их много раз бросали, но они будут знать принятие. Он будет держать их в своей руке, чтобы согреть. Он запеленает их в Милость и Изобилие. Он будет целовать их на ночь, и играть с ними во сне. И хотя физически они не видят Его на земле, они знают Его лучше, чем большинство других людей. Их детство и существование на Земле мрачное, но их чистота покоится на Небесах. У таких детей, которые смогут выжить в этой реальности на Земле, будет возможность в течение всей жизни жить в Любви, которая может преобразить историю. Ты спросил, что для меня важно сейчас? Вот это и важно, потому что важно для Отца!»

Я поблагодарил его срывающимся голосом и спросил: «Можно мне просто полежать здесь минутку? Мог бы ты больше не обнимать меня? Если отпустишь свои руки, я буду в порядке. Мне просто нужно поговорить с Папой некоторое время».

«Конечно», — ответил Иоанн с любовью. «Я буду здесь, дождусь тебя», — добавил он. «Можно побыть одному?» — поинтересовался я. «Безусловно», — ответил Возлюбленный. «Я расстроен и отчасти виню в этом тебя. Знаю, что это не ты заставлял меня смотреть на мрачные события, и это вовсе не твоя вина и всё такое… Мне просто нужна минутка, чтобы побыть наедине и прийти в себя. Спасибо, что поддержал мою голову, чтобы я мог увидеть, чем все закончится. И, пожалуйста, прости меня», — выпалил я, смотря на Иоанна Возлюбленного в ожидании ответа. Он улыбнулся и произнес: «Конечно, ты возлюблен и прощен».

А потом он исчез. Сделав глубокий вдох, я заплакал. Так долго и сильно я никогда не рыдал, и чтобы не задохнуться, невольно останавливался и делал перерывы отдышаться. Я был совершенно раздавлен. Не зная, что сказать или о чем спросить Отца, я закрыл глаза и просто произнес: «Иисус, Ты мне нужен». В тот самый момент, когда я воззвал к Нему, я очутился в другом месте. Медленно, по мере осознания того, что меня сейчас окружает, нежный покой все больше и больше начинал окутывать меня. Понемногу я стал успокаиваться. Но мне все еще хотелось оставаться в позе эмбриона. Теперь подо мной была трава, а не песок. И пока я лежал, волны покоя медленно одна за другой омывали меня, по кусочкам унося страдание и душевную боль. Оболочка боли продолжала отслаиваться, и я безошибочно уловил поклонение, обожание и Любовь, присутствующую в этой атмосфере. Я знал, что нахожусь на Небесах в Его присутствии. После длительного отдыха я сел у дерева и увидел Иисуса. И когда Он, опираясь на его ствол, сел рядом со мной, ко мне пришло утешение, неописуемое словами. Иисус был переполнен нежностью и добром. Удовлетворенный тем, что я просидел столько, сколько мне было нужно, Он спросил меня: «Могу я тебе кое-что показать?» Я желал быть с Ним как можно дольше и сказал: «Конечно». «Возьмись за мою руку», — сказал Он, протягивая Свою. Затем продолжил: «В Евангелии от Матфея 5:4 сказано:

*«Блаженны плачущие, ибо они утешатся».*

Важно понимать, что истинное утешение ты получаешь из реальности Небес, а Святой Дух — это Тот, кто приведет тебя в эту реальность. Его имя Утешитель, потому что именно Он ведет тебя ко Мне, а Я — воплощение реальности Небес, которая должна стать единственным твоим механизмом выживания в трудные времена. Когда ты обмениваешь свою реальность на реальность Небес, ты обмениваешь свою жизнь на Мою».

Схватить Его за руку было лучшим ответом на все мои вопросы. Он обратил сетование моё в Ликование. Мы пошли гулять с Ним по траве. Эта прогулка позволила мне восстановить силы, вернула свободу, до сих пор она одно из самых ярких моих воспоминаний. Казалось, обо всем можно забыть, лишь бы я и Он были вместе.

Мы всё шли и шли вперед, атмосфера вокруг нас стала преображаться: вначале она была наполнена поклонением, благоговением и Любовью, а теперь возвышенной радостью и смехом в высшей форме их проявления. Мы хохотали в полный голос, и чем дальше шли, тем тяжелее было сдерживаться. Грань между самой возможностью передвигаться и упасть от бесконтрольного хохота становилась всё тоньше. Причина этого, очевидно, находилась за соседним холмом. Мы добрались до вершины холма и на мгновение затихли. Зрелище, которое открылось нам по ту сторону, я никогда не забуду. Мой смех превратился в крик: «УРА!!! Я так и знал!»

На той стороне холма, чуть ниже места, на котором стояли мы, находился источник радости и смеха — я чувствовал его на расстоянии. Это были дети, и они были повсюду! Иисус улыбнулся и рассмеялся со слезами Радости: «Никто не забыт. Каждый ребенок, пришедший на Землю, но не родившийся из-за аборта, отвергнутый каким-либо образом или тот, с кем поступили несправедливо, получит свое место на Небесах, чтобы здесь вырасти. Он получит особенное, отведенное только ему место, чтобы у каждого была возможность развиваться и взрослеть так же, как и у тех, кто вырос на Земле. Им полагаются только лучшие учителя и опекуны из тех, кто жил когда-то на Земле, и пока дети не повзрослеют, они остаются с ними».

Улыбка сияла на моем лице, я поблагодарил Иисуса и обнял Его. Он посмотрел на меня с любовью и сказал: «Я тоже хотел бы пойти с тобой, но сейчас важно, чтобы ты продолжил строить отношения с Людьми в Белых Одеждах. И ты, и многие другие должны прийти к глубокому откровению о том, что Церковь на Небесах и Церковь на Земле — это одна Церковь. Отношения и сотрудничество между ними будут налажены раньше, чем ты думаешь. Впрочем, как и все остальное, сначала люди отвергнут это, а потом сделают нормой, просто будь терпелив. Я люблю тебя».

Иисус улыбнулся, и я перенесся обратно на пляж. Иоанн

Возлюбленный ждал меня там, широко улыбаясь, сказал: «Джозеф! Приятно видеть тебя снова. Я знаю, то, что мы увидели, было тяжелым зрелищем. Я также знал, что тебе нужно это видеть. Многие члены тела Христова избегают боли, как чумы, потому что она заставляет их осознавать свою собственную боль. Но Любовь может проявить себя лучше всего посреди душевной боли. Это вовсе не значит, что Любви без боли не бывает. Есть красивая, сокровенная, удивительная Любовь без боли. Это когда отец смотрит в глаза дочери в первый раз или же сакральная связь между матерью и сыном. Однако я имел в виду другое. Любовь хорошо выражается на фоне боли, потому что именно боль дает острое осознание, что такое нелюбовь. Любовь бескорыстна и в первую очередь является выбором, поэтому и проявляется ярче всего в среде эгоистичности нелюбви. Я хочу показать тебе еще один бескорыстный акт Любви. Хочешь посмотреть?» Понимая всё, что только что объяснил Иоанн Возлюбленный, я согласился. Он положил мне руку на плечо, и попросил меня снова посмотреть на Землю.

На этот раз, глядя на Землю, я увидел другую сцену. Это была огромная мусорная свалка. Все находившиеся здесь люди, жили прямо на свалке. Чтобы описать условия, в которых они проживали, у меня не хватает гадких и ужасных слов. Здесь даже подростки либо умирали от голода, либо были настолько больны, что умирали из-за болезни. Присмотревшись пристальнее, я увидел одного ребенка не старше шести лет, которого оставили там родители, потому что не могли о нем заботиться. Этот ребенок всегда испытывал голод и никогда не знал любви. За все свои дни, проведенные на Земле, он ни разу не почувствовал к себе любви. Он умирал и, вероятно, мог бы прожить еще несколько часов, прежде чем его не будет.

И хоть теперь я лучше понимал, как действует и проявляется Любовь, но все же не имел возможности вмешаться в эту ситуацию. Я просто ждал, что произойдет. Рассматривая эту сцену, я увидел, как появились двое. На мой взгляд, это были миссионеры, по крайней мере, я бы так их назвал.

Придя на свалку, они обнаружили этого ребенка. Миссионеры отошли поговорить о нем, но так, чтобы ребенок не слышал. Один из них явно проявлял сострадание к мальчику, а второй, который, видимо, проходил практику, предлагал оставить его, убежденный, что тот не выживет. Переполненный состраданием и к мальчику, и к своему товарищу, миссионер, посмотрев на него, сказал в лоб: «Да не в этом дело!» Практикант удивился: «А в чем тогда?» Старший миссионер сказал: «Я все понимаю, он долго не протянет. Но вот что у меня на сердце. Этот ребенок никогда не знал любви. Всю свою жизнь он прожил без нее. Я просто хочу взять его на руки и держать, пока он не умрет. Пусть, когда он попадет на Небеса, его последним воспоминанием о Земле будет не боль, а Любовь, пусть будет именно так!»

Мое внимание вернулось на пляж к Иоанну Возлюбленному, потому что я снова был раздавлен. Должно быть, я выглядел воплощением сострадания. Иоанн, любимый ученик, смотрел на меня со слезами на глазах. От него исходило бесконечное понимание и забота обо мне, когда он сказал: «Любовь важнее всего!»

ENOX

# Глава 9  «Енох»

## Отсоединись от Земли

Я устал сидеть и рыдать, поэтому решил пойти прогуляться. На береговой линии пляжа теплая вода мягко билась о мои ноги, и я чувствовал, как волна за волной на меня находила энергия невероятной мощности. С разной интенсивностью она передавала мне освежающую приятность. Остановившись, чтобы насладиться моментом, я еще раз посмотрел на Землю и на ту Армию, которая присутствовала там с самого начала. Сейчас мой взгляд на нее изменился. Армия  больше не походила на то, что я представлял о ней раньше. На самом деле она никогда и не была таковой. Называл я «Армией» то, на что смотрел земным взглядом, который полностью изменился под влиянием Любви к «Сынам» и моего желания, чтобы на Земле проявились многогранные лики Папы. Когда я  смотрел на них, на меня обрушилась огромная радость за то, что армия пришла к тому же откровению, которое имел я — вести труд, предопределенный Господом. Поэтому находиться по ту сторону завесы они, как и я, больше не желали, и им также важно было войти в покой.

В рядах «Сынов» было заметно колебание  — они знали, что пришли к точке невозврата. Каждому из них, кто собирался принять решение, предстояло рассмотреть все варианты исхода, и в этом была мудрость.

И вот я стою и наблюдаю за  тем, как Сыновья  Земли обдумывают свое решение, как вдруг чувствую приближающуюся ко мне сзади огромную силу, которая буквально привела меня в состояние недееспособности  — это была благодать.  Я обернулся посмотреть, что происходит за моей спиной, и увидел нечто трудноописуемое и странное. Ко мне приближался Енох. В своем сердце я знал, что это он, однако определить его по внешнему виду я бы не смог. Енох был воплощением Любви, но его вид... Он то появлялся, то исчезал, мерцая то в нашем измерении, то в другом, и оказывался за пределами их так быстро, что было трудно уследить.

Каждый раз, когда на Небесах ты находишься рядом с чем-то или кем-то сильнейшим тебя, на самом деле тебе становится страшно, потому что начинаешь понимать, до какой степени не можешь контролировать ситуацию. И это был тот самый момент.

Енох встал рядом со мной, глубоко вздохнул и сказал: «Я так много вложил в ваше поколение, и сейчас у меня приятное предвкушение от грядущих событий, потому что настало новое время, какого раньше не бывало».

В то время, когда Енох произносил эти слова, некоторые из Сынов Земли начали принимать решение, мгновенно оказываясь с нами на пляже. Все, кто принял решение и перешел за завесу на нашей стороне, встали в круг. Енох был с нами. Сначала Он сказал: «Я хочу рассказать вам о сверхъестественной жизни и о том, как отсоединить себя от всего того, что делает вас земными. Я больше не буду пользоваться словами человеческого языка. Я буду пользоваться для общения светом, и вам придется самостоятельно объяснять себе то, что будете получать. Теперь каждая наша беседа и все ответы на вопросы будут внутри вас. Моя задача помочь вам. Готовы?»

Те, кто пришел с нами на Небеса, оказались не так перепуганы Енохом, как я. И я понял почему — Небеса содержат множество измерений.

Внезапно луч света вышел из тела Еноха, разделился на множество направлений, ударив каждого из них в грудь, и в тот же момент все вернулись на Землю. Оставшись наедине с Енохом, я подумал: «Зачем нам нужно общаться посредством света, а не слов?» Енох улыбнулся и дал на мой мысленный вопрос свой мысленный ответ: «Я начал говорить с тобою мыслями, чтобы ответить на твой вопрос. Важно, чтобы ты понимал все варианты, доступные нам в общении. Например, общение светом. Скоро наступят дни, когда все коммуникации будет выполняться посредством света, и даже на Земле ты сможешь так общаться. Пришло время открыть этот свет. Ты уже знаешь, как это сделать, так что вперед! Просто сильнее сосредоточься!»

Я поблагодарил Еноха, и он исчез в другом измерении. Я сделал глубокий вдох и направил свое внимание и желание на внутренний свет, который я только что получил. С улыбкой я вспомнил, что Небеса живут внутри меня и полный доступ к ним был предоставлен мне через Иисуса.

Итак, я Верой направил все мое внимание и желание внутрь себя, и вступил в контакт с резонирующей Любовью, проявленной в виде внутреннего света, который только что получил от Еноха. Изнутри я обнял этот свет и крепко удерживал, позволяя внутреннему резонансу Любви (в результате осознания того, что Иисус полюбил меня первым), вступить в реакцию со светом. И моментально во мне начали раскрываться желания Отца. В них излагалась (как я это видел) целая серия разговоров и откровений между мной и Енохом, а говорили мы о многом: как отсоединиться от Земли, о трансцендентной жизни, об отвязке от всего земного и от родословной по человеческой летописи моей жизни. Эти разговоры должны были стать для меня началом новых откровений, как говорил Енох. Беседы не имели определенной упорядоченности. Я мог видеть их все сразу, а мог подсоединиться поочередно к каждой. Поскольку я был довольно измотан и мой мозг все еще не пришел в норму, я брал из всей серии по одной беседе за раз и просто начал с крайней слева.

Вступив в беседу на этот раз, я мгновенно оказался на пляже, там был и Енох. Сбитый с толку, я спросил: «Как так получилось, что я вернулся сюда? Пока я подключался к внутреннему свету, ты просто исчез из виду — еще до того, как я начал этот процесс. Я чувствую себя щенком, который мотает головой, пытаясь понять человека». Енох громко рассмеялся: «Есть много путей взаимодействия с Небесами. Ты только что узнал для себя еще один новый путь. Путей много, но дверь одна. Только Иисус есть дверь, через которую ты должен войти.

Теперь давай поговорим о содержимом светового шара, который я тебе передал. Я всё рассказываю тебе в подробностях, потому что сейчас этот процесс «совершается внутри тебя», и тебе нужно понимать, как это выглядит. Но скоро наступит время, когда ты сможешь моментально декодировать и усваивать откровение, чтобы перейти к намеренным действиям в соответствии с откровением. То, о чем мы поговорим — это не пошаговая формула. Это — только начало процесса отсоединения от Земли и от того, что делало тебя земным человеком. Увидев это своими глазами, ты сможешь вступать в этот процесс самостоятельно, он будет происходить мгновенно. И первое, о чем именно сейчас я хочу поговорить с тобой — как полноценно отсоединиться от частоты

Земли. Вопрос о привязке к Земле ты уже обсуждал с другими, поэтому я продолжу и расскажу об этом подробнее. Земля, как все звезды и планеты, излучает определенную частоту и издает звук, которые есть также в тебе — они проходят и по тебе, и находятся вокруг тебя. Так было со времени грехопадения. И первое, что ты должен сокрушить верой — частоту Земли вокруг себя, а затем — внутри себя, потому что нельзя оставлять ни одну частичку себя привязанной к Земле, включая плоть.

Параллельно с темой привязки к Земле я хочу поговорить с тобой о назначении и смысле боли. Боль сама по себе несет тайну. Когда в твоей жизни происходят болезненные события, может быть только два результата. Один из них — еще более сильная привязка к Земле. У некоторых, переживших боль, уходят многие годы на преодоление этой связи. Но Отец может использовать такое событие во благо. Другой вариант — боль может придать ускорение для твоего воскрешения. Всякий раз выбор за тобой! С каждым новым болезненным событием в жизни человек познает «участие в страданиях Его… и силу воскресения Его» (Флп. 3:10). Мало кто выбирает второй вариант, но он угоден Отцу, потому что то, что предназначено для вашей погибели, Он использует для вашего спасения и спасения других людей. В Мф. 5:10 сказано:

*«Блаженны изгнанные за правду, ибо их есть Царство Небесное».*

Нам предлагается осознать, что если мы выбираем боль, то все, что нам было дано пережить, послужит к усиленному сближению с Отцом». Я попытался сказать на это что-то умное, но единственное, что смог: «Ничего себе!». Енох же произнес: «Продолжим.

Очень многие сферы жизни человека находятся

под влиянием грехопадения, но люди верят, что они были

такими сотворены, и для этого предназначены.

Например, за свою жизнь ты мог выработать и поставить

перед собой такие условия, которые не имеют ничего общего

для тебя такого, каким ты был создан. Взгляни на интровертов

и экстравертов. Человек не был создан ни тем, ни другим.

Человек был создан для Любви, а типология утверждает, что все зависит от особенностей человека, когда один заряжается энергией любить от одиночества, а другой получает её, находясь в компании. Ни то, ни другое не исходит от Отца. Настало время обменять интровертность на Его силу, чтобы любить по-настоящему. Обмен твоего человеческого состояния на Его Любовь окажет тебе настоящую помощь.

Теперь продолжим и поговорим о твоих дарах. На Земле очень многие считают, что не положение «Сына», а именно дар человека делает его уникальным. Когда век сей закончится, и начнется новый, дары, которые были даны тебе, станут не нужны. Что у тебя останется, если они будут забраны?»

Я ответил настолько честно, насколько мог: «Я, правда, не хочу думать об этом, потому что, вероятно, от меня останется не так уж и много».

Енох ответил: «У тебя будет больше, чем ты думаешь, но это не важно. Главное то, что твои отношения с Отцом строятся от сердца к сердцу и зиждутся на Любви, а не на дарах. Если черпать самооценку не из Любви, а из своих дарований, то твои отношения и характер не будут развиваться. Конечно, дары нужны и важны, но они нужны на Земле для использования в Церкви.

На твоем пути возникнет момент, когда их придется отдать ради дальнейшего продвижения вперед. Так ты возрастёшь в любви и сможешь присоединиться к Небесной Церкви, где ты — Сын, который ведет себя соответственно своему статусу. На небесах нет Пророков, и там нет духовных даров. Весь вопрос в точке доступа к ним: стоишь ли на Земле и рассказываешь о том, какой есть Бог, или нисходишь с Небес и несешь все это в себе. Если ты приходишь с Небес, ты не просто рассказываешь о них, но ты становишься ими — становишься всем тем, для чего был создан и тогда преображаешь все на своем пути».

Эту истину было очень тяжело принять. Настолько тяжело, что она выбила меня из беседы, и я вернулся в свое кресло на Земле. Внутри меня бурлило множество вопросов и большинство из них были не обо мне. Я привык, что меня везде оценивали по моим дарам, и это новое откровение стало для меня неожиданным поворотом. Сам я действительно был готов отказаться от своих даров, но как сказать об этом близкому другу и человеку, который важен тебе, который вложил в свои дары тридцать лет, построил на них служение? Что тогда есть путь превосходнейший, путь, который потребует отказаться от всего? Так человек может потерять всё, что строил, а я могу потерять друга. И что же будет со всеми моими инвестициями?

Внезапно на диване, стоящем напротив моего кресла появился Иисус. «Привет, Джозеф», — сказал Он.

«Я в полном замешательстве», — ответил я.

Он посмотрел на меня взглядом, полным «твердой любви» и произнес тем же тоном:

«Енох же сказал, что дары нужны и важны — это так и есть. Все остальные твои вопросы вырастают из самосожаления и страха перед человеком. А пока у нас есть дела важнее, и ты уже хорошо подготовлен, чтобы справиться с ними. Помнишь, как в нашем разговоре с Чистотой она сделала мудрое заявление: «Лучше быть новичком в новом, чем экспертом в старом». Лишь немногие решат двигаться в этом направлении, но так происходит почти со всеми на Земле. И часто те, кто смог подхватить свежее веяние, сопротивляются следующему новому веянию. Тебе не нужно решать эту проблему сейчас. Двигайся вперед и развивайся».

В такие моменты я очень ценю прямоту Иисуса. Его слова были неприятными, в них звучало требование к росту. Люди говорят приятные слова из бессилия, а Иисус никогда не страдал этим. Его благость превышает наше самое смелое воображение, но Он не из тех, кто чересчур любезен, кто смотрит сквозь пальцы на те сферы, где мы должны меняться. Мне и не нужно, чтобы со мной «сюсюскались», а слова «твердость» и «любовь» могут отлично сочетаться в одном предложении.

«Спасибо! Сказанное Тобой принесло облегчение, и мое сердце готово двигаться вперед. Еще раз спасибо», — сказал я.

Иисус улыбнулся и исчез.

Я обрадовался, что снова зажегся мой внутренний свет, и вернулся на пляж к Еноху. Я сказал ему, что готов возрастать, и он продолжил с того места, где остановился: «Твоя способность отдавать свои дары — это еще один пример, как можно оставить то, что связывает тебя с Землей, но даже эта необходимость уйдет с окончанием сего века.

И последняя тема нашего разговора — самая лучшая, она принесет тебе много свободы. Кстати, ты неплохо справляешься с учебой. Важнейший предмет обмена для внесения твоего вклада — это откровение о твоем ранге. Ты посажен на Небесах, поэтому нет никакой необходимости низводить что-либо с Небес. На самом деле тебе нужно просто управлять тем, что уже дано. Время получать что-либо с Небес прошло! Пришло время стать квантово-энергетическим ресурсом Небес. Пришло время стать бесконечным источником. Если ты все еще стремишься получать что-то с Небес, ты никогда не превратишься в Небесный ресурс для Земли, и именно по этой причине ты останешься привязанным к ней. Пришло время изменить образ земного мышления, настроенный на получение чего-либо от Бога, и обменять всякое, когда-либо полученное откровение о Нем и какой Он на земной стороне завесы, потому что оно связывает тебя с Землей.

Я не прошу тебя отказаться от твоего спасения! Оно раз и навсегда установлено — Иисус есть Путь. Но говорю о том, что всякий раз, когда ты получаешь что-либо с Небес, пропускай это через фильтр веры в то, что знаешь о Нем, и во что уже веришь. Пришло время отложить все, что ты узнал о Боге, на земной стороне завесы. В самом начале, переживая определенные события, ты постепенно начнешь отказываться от той или другой части своего фильтра. Это и значит расти в Нем. В итоге ты придешь к полному уничтожению всех фильтров, отказу от откровений получен-ных ранее, и начнешь все сначала, как говорил апостол Павел, «не знающим ничего, кроме Иисуса, и притом распятого» (1Кор2:2). Ты должен стать тем, что узнал на Небесах, а затем Небесным ресурсом Земли».

Власть и авторитет слов Еноха были всесокрушительными. Я открыл рот, чтобы что-нибудь сказать, но у меня не нашлось слов, осталась только одна мысль — какая же честь оказана человеку, приглашенному стать Небесным ресурсом Земли!

Стать ресурсом можно было, только научившись от Него на Небесах. И от одной этой мысли у меня кружилась голова, потому что возможность такая распространялась на всех. Любому члену Тела Христова всемогущий Бог оказывает личное доверие! И это тот Бог, у которого есть такие люди, как Енох и другие древние святые! Каждый по Его желанию и повелению может достичь такого роста, когда сами Небеса станут его ресурсом для Земли. Это великая честь, которую невозможно постичь! Я не знал, плакать мне или преклонить колени, поэтому сделал и то, и другое.

И вот я лежу на песке, согнувшись, со слезами радости на глазах, охваченный вибрирующей внутри любовью, которую я до сих пор не могу вместить. Я лежал там долгое время, пребывая в радости.

Наконец я пришел в себя, сел и обнаружил рядом Еноха. Он оказался неподалеку. Ему было приятно находиться в тишине. Мы сидели рядом, слушая звук океана, и некоторое время наслаждались тишиной вместе. Прошло достаточно времени, когда я начал молиться: «Отец, я люблю тебя. Спасибо за Твою благость и милость. Отец, верой я отдаю Тебе всё прежнее и начинаю идти к сердечному познанию того, что мы обсуждали. Прошу Тебя, помоги мне. Очень прошу, помоги!»

Енох вмешался: «Хорошо, можем начать с причастия».

Я улыбнулся и заговорил: «Да, спасибо за помощь. Спасибо. Как же принимать причастие на Небесной стороне завесы?»

Енох ответил: «Это зависит от твоей веры. Ты можешь перейти на земную сторону завесы, взять там хлеб и вино и принести сюда, если хочешь. И как только хлеб и вино коснутся завесы, они превратятся в тело и кровь Иисуса.

Есть другой вариант. Можно пойти на одно из многочисленных мест обмена. Тело Иисуса и кровь Иисуса – это и есть места обмена, и не единственные.

И последний вариант — сделать этот обмен верой. Где бы ты ни находился, в том числе прямо здесь на Небе, главное — получить в обмен тело и кровь Иисуса.

У каждого варианта свое начало. В самом начале твоя вера

важнее, чем то, где и как ты это делаешь».

«Спасибо», — сказал я.

Сосредоточившись, я продолжил: «Хорошо, Папа. Спасибо за Твою помощь! Верой я вступаю на правильные обменные места. Иисус, я больше не хочу быть хоть как-то привязанным к Земле, и прошу Тебя, открой мне в каких сферах моей жизни я все еще соединен с ней. Верой я хочу обменять мои дары, но сначала я хочу честно и открыто с Тобой об этом поговорить. Иногда я использовал Твои дары для моей собственной выгоды, а иногда в целях самообороны или саморекламы, приводя людей к себе, а не к Тебе. Не думаю, что это было злонамеренно, но были случаи, когда я сознательно применял дары для самосохранения, но мне было все равно. У меня не хватало характера и силы воли».

Я закрыл глаза и начал плакать: «Иисус, сейчас я вижу, почему я не хотел отказываться от своих даров. Да, это был страх перед людьми. И если быть полностью честным, в моем сердце все еще нет веры, что Ты — Отец или кто-либо еще, достаточно благой, чтобы простить меня. Мне трудно довериться Тебе этой частью своего сердца, хотя я и знаю, что Ты видишь всё. Умом я понимаю, что Ты благ, но только не всем своим сердцем, потому что какая-то его часть все еще считает, что любишь ты меня или нет, зависит от моих дел. Я думал, что в свое время «черное облако»* уничтожило эту частицу моего сердца, но вероятно что-то еще осталось. Итак, вот я. Я очень сожалею. Я хочу обменять у Тебя мои дары. Когда-то я выбирал их, а не Любовь. Возьми их взамен её. Я прошу Тебя — только взамен, чего бы это ни стоило».

Я был на пляже. Открыв глаза, наполненные слезами, вдруг почувствовал, как благодать даров отходит от меня, скользя по телу так, будто я снимаю джемпер с капюшоном. Внезапно всё вокруг стало размытым и неясным, и, как мне представляется, четкость восприятия моего зрения упала процентов на шестьдесят. Это чистое красивое место, которое мне так нравилось, теперь пришло в полный беспорядок в моих затуманенных глазах. К своему ужасу я осознал, что большая часть своей способности видеть и взаимодействовать с Небесами было не «Сыновством», а даром Бога, который все равно будет отнят в конце века сего.

Я огляделся, надеясь найти рядом Еноха, и обнаружил, что

мой друг ушел. Я остался один на том месте, что раньше выгляде-ло как пляж. Успокаивая себя благостью Бога, которой научился доверять, я глубоко вдохнул, выдохнул и начал говорить: «Боже, Ты потрясающий. Я люблю Тебя, я люблю Тебя, я люблю Тебя, и я глубоко доверяю Тебе. Спасибо за Твою благость и милость. Неважно, что  сейчас произошло и по каким причинам, все это лишь приблизит меня к Тебе».

Я продолжал еще несколько минут восхвалять, благодарить Его, и едва замолкнув,  услышал чьи-то шаги. Еле-еле я разглядел вдали нечеткий полупрозрачный силуэт. Быть слепым в духе  —  вещь невеселая. Когда фигура приблизилась, я ощутил, как загорелось мое сердце! Это был Иисус  —  никто другой во всей Вселенной не мог заставить его так сильно биться. Пламя, горевшее в нем, не было болезненным, скорее, это был огонь томления. Когда между нами оставалось три метра, я разглядел Его глаза, пошел на встречу  и сразу обнял. Прижавшись к Его груди своей головой, я почувствовал мягкую бороду. После долгих объятий Он отодвинулся, посмотрел мне прямо в глаза и произнес: «Молодец, теперь ты водим Любовью. Любовь восстановит всё, и вернёт тебе чёткость зрения и знания, о которых ты не мог себе даже представить».

Иисус был воплощением самой Любви. Мое зрение становилось четче по мере того, как я слышал Его голос и пребывал рядом с Ним. Я чувствовала себя ребенком, который едва-едва учился ходить, и одного только присутствия Иисуса ему было более чем достаточно. Мы все еще сидели рядом, и я обратился к Нему: «Слушай, есть нечто, о чем я и не слыхивал. Можно я задам Тебе вопрос?»

«Конечно», — ответил Он.

«Что такое «фильтр», расскажи мне, пожалуйста»,

— попросил я.

Иисус ответил: «Пребывать на Небесах и смотреть вниз, и пребывать на Земле и смотреть вверх — две большие разницы. Когда ты на Небесах и смотришь вниз, тебе видно все, потому что ничто не преграждает твой взгляд. Но когда ты смотришь на Небеса с Земли, вся информация проходит через определенный фильтр. Этот фильтр состоит из многих частей. Есть простые его части, например, твое понимание Библии. Также имеются сложные части, например, среда, в которой ты вырос. По большей мере фильтр находится в твоей ДНК. Независимо от состава твоих фильтров ты никогда не получишь четкое представления обо Мне, об Отце, о том, какие мы, если будешь изучать эти вопросы через них. Если ты хочешь развивать отношения, то фильтр в твоем уме должен быть подвергнут суду. Ты должен оставить то, что ты считал понятным себе. Все, что ты узнал  не на стороне завесы Небес, а по другую её сторону, должно быть отброшено, начиная с момента принятия решения.  По мере роста тебе еще предстоит столкнуться с тем, что будет похоже на  «понятное» ранее, но важно будет отбросить даже сравнение с ним. Начни с начала, как ребенок».

Мне стало легче, я улыбнулся и спросил: «Для этого нужно войти в покой?». Он ответил с любовью: «И это самый лучший путь».

Теперь проходить по моей ДНК, как раньше,  судить и исцелять участки, где находились фильтры,  стало намного легче. Я также попросил верой, чтобы всякий фильтр у меня в голове был осужден. На все это ушло какое-то время, и Иисус оставался рядом со мной на протяжении всего процесса.

Наконец я закончил и, подняв глаза, снова  увидел Его. Он был моим Спасителем, моей Любовью. В Нем зарождалась и обитала вся моя надежда и вся моя радость. Иисус Христос, помазанный Царь Царей. Единственная дверь и врата к Отцу. Тот, кто был заклан прежде основания мира. Богочеловек, чья жизнь, смерть, погребение, воскресение и вознесение обеспечили спасение человечеству. И я встретился с Ним снова… как в первый раз.

* темное облако: см. заключительную главу «Обувь» первой книги Джозефа; «Хроники провидца».

# Эйнштейн

# Глава 10 «Эйнштейн»

## Пути проявления Небес

Я лежал в своей постели (на Земле), и перед тем как уплыть в страну снов, закрыл глаза и вступил в контакт с Небесами. Эффективнее всего, как я обнаружил, подключаться к Небесам после того, как сознание отключается. И в самом начале контакта оно отключилось, и я заснул. Тут же, покинув свое тело, я начал подниматься через миры и измерения, и, минуя тьму творения, вдруг оказался в какой-то комнате, где стояли довольно удобные стулья.

Напротив меня сидел Альберт Эйнштейн, на его лице ярко читалось выражение кротости и любви. Он забавно улыбался, но одновременно выглядел так, что его хотелось обнять. Окруженный и охваченный знанием, он внушал трепет, было очевидно, что этот человек почитаем на Небесах. Эйнштейн выглядел как воплощение кротости и ведения. Рядом с ним все время ощущалось присутствие Страха Господнего.

Он начал так: «Привет, Джозеф, я хочу поговорить с тобой о проводящих путях ума Христова, путях мозга, о Семи Духах Божьих и Престоле Покоя».

«Многовато сразу!» — сказал я.

Эйнштейн продолжил: «Тебе многое нужно будет понять о том, как пользоваться проводящими путями твоего мозга. Запомнить всё невозможно, если ты пропускаешь информацию через мозг. Но в уме Христовом уже имеются Ведение и Разумение, поэтому можно воспользоваться их путями, которые созданы для твоего блага и продвижения вперед. То, что ты сейчас знаешь, на самом деле всего лишь самое малое микроскопическое количество информации. Пришло время перехода на иной высокий уровень жизни. То, что я тебе расскажу, станет первым кирпичиком нового строения».

«Здорово!» — ответил я.

Эйнштейн с довольством продолжил: «Мне оказана большая честь участвовать в жизни твоего поколения, в распространении знаний на Земле».

Волнуясь, я сказал в ответ: «А для меня большая честь быть с Вами. Я постараюсь правильно передать все, о чем Вы мне расскажете. Пожалуйста, продолжайте».

И Эйнштейн сказал следующее: «То, о чем я расскажу, представляет собой конструкцию, с помощью которой откровение из духовного царства приходит и проявляется в твоей естественной жизни.

Нам нужно обсудить четыре уровня. Первый уровень — Престол покоя, и он — отправная точка для каждого из путей. Именно отсюда у тебя будет доступ к управлению всем, что происходит в твоей жизни. Престол покоя является также отправной точкой для внутреннего всеведения ума Христова. Получить доступ к уму Христову каким-либо иным путем, кроме Престола покоя, очень сложно. Но об этом мы поговорим позже.

Всеведущая, всезнающая часть ума Христова находится под управлением Семи Духов Божьих. Они являются нашими воспитателями, и они же — распорядители всех знаний. Находясь на Престоле покоя, ты можешь по всем вопросам обратиться к каждому из них по очереди или же сразу к полноте Мудрости Божьей. Это твое наследие, как Сына, и у тебя есть доступ к ним всегда. Объем знаний, к которым у тебя будет доступ, прямо пропорционален тому, насколько ты вошел в покой и пребываешь в нем. От Престола покоя и Семи Духов Божьих расходятся пути, ведущие через миры и измерения в твою естественную жизнь. Для достижения цели и лучшей наглядности я подразделяю их на два вида — путь ума Христова и путь мозга. Всего есть пять путей, но, поскольку я тоже разделяю их на две группы, будем считать, что их десять. Обрати внимание.

Пути, о которых мы будем говорить — это не врата, это пути информации, и ты можешь подойти к ним с любого направления. Прежде чем мы начнем обсуждать эти пути, тебе нужно будет узнать, как они выглядят. Все пути различны, но все они выложены и окружены чем-либо. Перемещение от Престола покоя к уму Христову, потом к своему мозгу и далее к своей жизни — это путешествие между разными измерениями, через которые без помех проходят все пути. Ты увидишь также мосты. По ним перемещается информация. Это место переплетения того, что истинно, что честно, что справедливо, что чисто, что любезно, что достославно, что только добродетель и похвала. Этими качествами выложен и сам путь, описанный в Филиппийцам 4:8, и многие измерения.

Путь состоит из идей и истин, но если ты хочешь знать больше, то это также есть существа ангельского мира. С одним из них — Чистотой ты недавно познакомился. Есть, например, Любезность — это существо изысканно красивое, которое просто обожает всё на Небесах. Когда ты познакомишься с Любезностью, ты узнаешь много о себе, о том, как Отец видит тебя. Итак, у каждого пути есть имя.

Первый путь, о котором я расскажу, называется «Желание и Ожидание». Оба эти качества коренятся в Уме Христовом и являются точкой доступа для потока откровения и информации. Если желание — это хотение, чтобы что-то произошло, то ожидание — сильная убежденность в том, что желаемое произойдет. Закрепленные в Уме Христовом как путь потока, они спускают откровение через миры в твой мозг, присоединяясь к нему через точку контакта — убежденность.

По плану сначала ты входишь в покой, а затем в Ум Христов (управляемый Семью Духами), в нем содержится Полнота Ведения и Сердце Бога в отношении любого вопроса. Таким образом, ты получаешь небесное ведение и взгляд на интересующий тебя вопрос прямо с Небес. После получения информации твои желания и ожидания, которые затем потоком проходят в твой мозг, начинают созидать в нем систему убеждений, а созданная система формирует твое мировоззрение и мир вокруг тебя.

Именно так должна формироваться вся твоя система убеждений. Желание и Ожидание ты получаешь с Небес из состояние покоя от Ума Христова, которое управляется при свидетельстве Семи Духов.

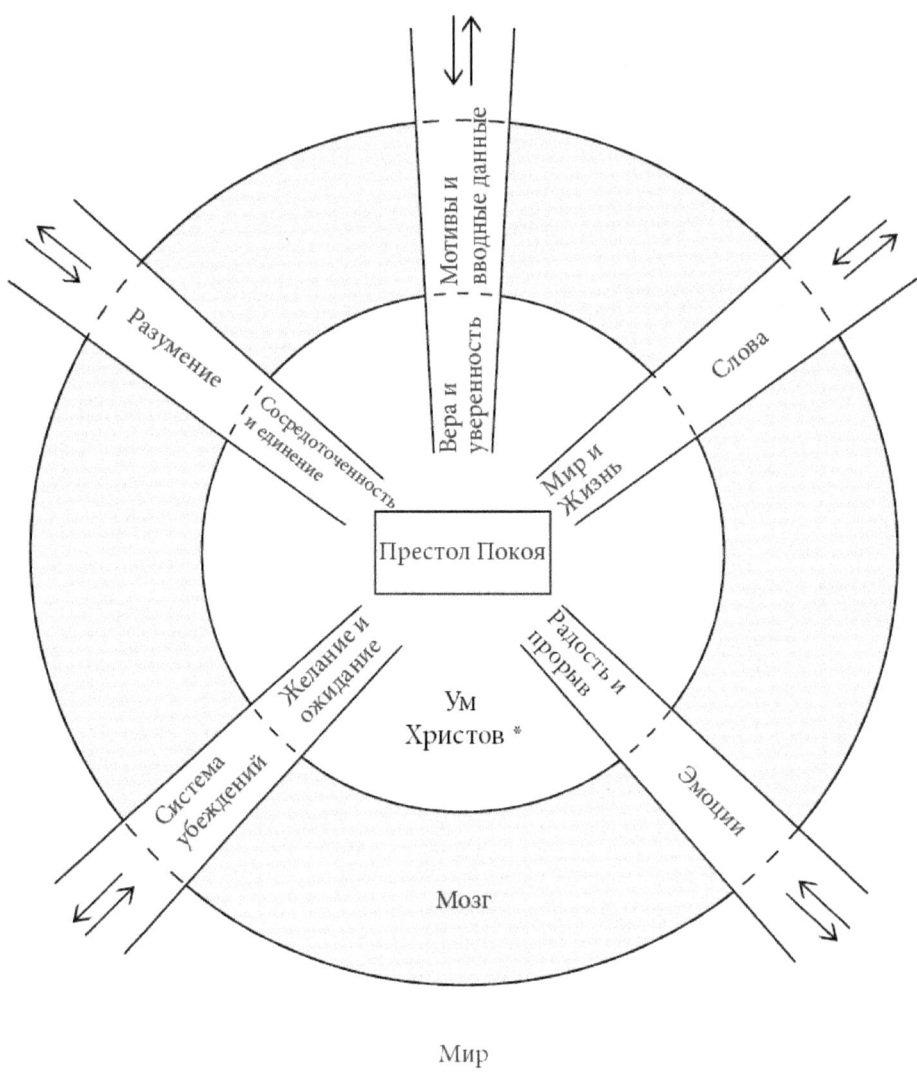

Пути выложены качествами, описанными в Флп. 4:8. Эти качества и образуют внутренний мост.

* Ум Христов включает в себя следующее: доступ, внутреннее всеведение, систему управления, свидетельство семи Духов Божьих.

Второй путь, о котором мы поговорим, называется «Радость и Прорыв». Он также уходит корнями в Ум Христов. Радость и Прорыв всегда ведут друг к другу. Когда приходит Прорыв, приходит Радость. Когда приходит Радость, приходит и Прорыв. Подключение к Уму Христову гарантирует то, что оба качества приходят одновременно и в твой ум, и в твое сердце. Далее этот поток направляется прямым путем в твой мозг, и когда вступает в контакт с твоими эмоциями, выпускает путь «Радости и Прорыва» в окружающий тебя мир. Так Радость и Прорыв ума Христова пропитывают эмоции твоего мозга.

Именно так формируются твои эмоции.

Радость и Прорыв Небес ты получаешь от состояния покоя в Уме Христовом, управляемого свидетельством Семи Духов.

Третий путь, о котором я расскажу — «Сосредоточенность и единение». Эти два понятия немыслимы друг без друга. То, на чем ты сосредоточен, с тем и соединяешься. Фокус твоего внимания должен быть направлен на что-то одно, иначе ты будешь постоянно отвлекаться. Этот путь очень важен в уме Христовом. Во-первых, это точка доступа, во-вторых, место сосредоточенности и соединения с Горним. Вышнее — единственное, на что должна быть направлена твоя фокусировка. Ум Христов как раз подпадает под эту категорию. Мы должны позволить Уму Христа сформировать нашу с Ним единую сосредоточенность и соединенность. Именно это формирует в твоем мозгу разумение и дает полную ясность понимания того, что передано и сказано в состоянии Покоя из Ума Христова, которое складывается на основе Сердца Отца **и** проявляется затем в нашей повседневной жизни.

Четвертый путь — «Вера и Уверенность». Ты уже со многими говорил о Вере. Уровень уверенности прямо пропорционален твоей Вере. Они — две неотделимые части друг друга. Их потоки идут к той части твоего мозга, которая отвечает за мотивацию поступков и их цель. Вера и Уверенность способствуют формированию у тебя правильных мотивов и намерений сердца в физические действия. **Рожденный** в Уме Христовом из состояния Покоя путь «Вера и Уверенность» преобразует их.

Последний пятый путь, о котором я расскажу тебе — это «Мир и Жизнь». Мир и Жизнь есть сама природа Ума Христова и она неотделима от Него. Проявляется она через Покой. В состоянии

Покоя мы подсоединяемся к Уму Христову и тогда полученные нами откровения и знания потоками текут по пути Мира и Жизни в ту часть нашего мозга, которая отвечает за слова. Так формируется способность изрекать слова в любую нашу ситуацию из Ума Христова и Сердца Бога.

На этом завершается мой рассказ о путях Ума Христова. И это то, что тебе нужно знать. Информация может перемещаться по этим путям в обоих направлениях.

С детства нас учили, что информация может прийти только извне, изнутри она не может быть получена. Но у каждого человека возникал момент, когда при определенных внешних обстоятельствах он искал ответы внутри, пытаясь догадаться, что же находится в Уме Христовом по поводу той или иной ситуации. Получается, мы используем внешние обстоятельства для формулировки нашей системы убеждений. И как только она утверждена, мы пытаемся удерживать Бога в рамках наших желаний и ожиданий. Между тем они могут быть основаны вовсе не на том, что исходило от Него. Возможно, эти желания пришли совсем не с той стороны. Если мы идем по пути задом наперед, то ничего не получится. И поскольку путь связан с Умом Христовым, иногда все-таки случается так, что человек может продвинуться достаточно далеко (даже в обратном направлении) и действительно увидит проявление Ума Христова в данном вопросе. Это, в конце концов, позволит ему все равно войти в Покой и совершить правильный поступок. Проблема лишь в том, что каждый раз двигаясь в обратном направлении, человек формирует в себе ложную систему убеждений о действиях Бога и о Нем Самом.

Итак, первое, с чем нужно разобраться, когда ты входишь в Покой — убрать всю ту ложь, в которую поверил, идя в неправильном направлении. Именно это ты сделал, когда попросил, чтобы все откровения о Боге, полученные тобой на Земле (а не на Небесах), были осуждены».

Я снова потерял дар речи. Сказать было нечего. Я чувствовал, что мне оказана такая честь, которая превышает самое смелое моё воображение, но Эйнштейн посмотрел на меня и сказал: «Это для меня честь!» Он исчез, и я проснулся.

Даниил

# Глава 11 «Даниил»

## Созидательная сила

Размышляя о чести, оказанной мне сверх всякой меры, я сидел дома почти восемь дней совершенно недееспособный и пораженный, испытывал благоговение перед мудростью и масштабностью Отца. Они поистине неизмеримы. Вскоре вес пережитого ослаб, и я решил, что мне нужно подышать свежим воздухом.

Я живу в городе Бирмингеме, в штате Алабама, и потому излишне предрасположен к красоте своего города. Мой выбор пал на одну из красивейших пешеходных троп, я пошел прогуляться, чтобы понять, смогу ли все-таки вернуться на Землю хоть на какое-то время. Я гулял около часа, а потом нашел стол для пикника и решил присесть, чтобы отдохнуть и посмотреть на окрестности и здешних людей. Столик был олдскульный, старательно изготовленный и, вероятно, тридцатилетней давности. Такой можно тщательно промыть мойкой под давлением, и он будет как новенький.

Я присел, чтобы полюбоваться красотой окружающего меня творения. Восхищение великолепием природы побудило меня к внутренней медитации о красоте Небес — она несравнима ни с чем. Восторг захватил мои чувства, и я мгновенно перенесся из-за столика для пикника обратно на пляж. Единственное, что там можно было делать — громко смеяться. Радость пронеслась надо мной как ветер, возвратив меня в приключение!

Никто так и не подошел ко мне, поэтому я решил подойти ко Вратам, чтобы попробовать пройти через них самому. Я не нашел никаких признаков активности, и поскольку знал, как управляться с Вратами, принял решение снова в них войти. И тут же я оказался за пределами атмосферы Земли именно в том пространственном месте, где я встретил Иезекииля.

Я стоял над Землей, пытаясь настроить свои органы чувств, и вдруг рядом со мной появился Даниил. Он был не один, а в сопровождении целого Воинства Небес. Это значит, что у них была какая-то цель. Когда Даниил сориентировался и занял «положение над Землей», он повернулся ко мне и сказал: «Определенные свитки должны выполняться определенными людьми. Я собираюсь открыть один из них, он предназначен для всех Сынов. Пришло время всем и каждому приступить к его исполнению».

Закончив слова, Даниил протянул внутрь себя руку и извлек свиток. Он снял печать со свитка. Даниил открыл свиток, наверху которого было написано «Созидательная сила». Даниил отпустил свиток на Землю, и все Небеса стали восклицать. Когда возгласы закончились, мы с Даниилом вернулись через врата на пляж.

Здесь я сделал глубокий вдох и выдох и повернулся к Даниилу. Даниил улыбнулся, сказав: «Бывали времена на Земле, когда такой свиток выходил только один раз во время жизни целого поколения. Но в ближайшие дни будет выдано свитков больше, чем во всех предыдущих поколениях вместе взятых. Ты живёшь в такое время, когда все, что было запечатано в мои дни, начнет раскрываться. Рост знаний, развитие технологий и прочего будет экспоненциальным. Поскольку в Церковь проникло мнение, что «лучше уже не будет», по мере распечатывания новых знаний мнение поменяется на «вот-вот все снова изменится к лучшему». Хочешь взглянуть, что будет выпущено?»

«Да», — взволнованно ответил я.

«Я покажу тебе вот как…», — сказал Даниил, и закончил

фразу в тот миг, когда в его руке появилась книга.

Она называлась «Астральная инженерия». Я посмотрел на него удивлённо. Он улыбнулся и попросил еще раз посмотреть на нее. При повторном взгляде название изменилось на «Создание флоры и фауны». Ахнув, я снова взглянул на Даниила, а он снова попросил меня смотреть на книгу. На этот раз название изменилось на «Изобретательное созидание, строительство и восстановление мира вокруг вас».

Я был взволнован. Увидев мое волнение, Даниил сказал: «Это всего лишь мизерный образец того, что по размерам сравнимо с Землей, и твое поколение начнет это исследовать». Потеряв дар речи, я уже по привычке так ничего и не сказал, улыбнулся Даниилу и поблагодарил его. Он исчез.

# Плотник
# Иосиф

# Глава 12 «Плотник Иосиф»

## Сокровище тьмы

Совершенно разбитый так что дальше некуда, я сидел на пляже, погруженный в благоговение, изумление и страх Господень. Я не знал, плакать мне или смеяться, левитировать или впасть в экстаз радости. Меня охватили вихри эмоций, когда я осознал, какая Милость и Благодать обрушились на меня во время этого путешествия. Сколько Сокровищ, прежде сокрытых во Тьме, открылось для меня сейчас. Не зная, что делать дальше, я закинул руки за голову и снова лег на песок, чтобы ощущать его под собой. Вглядываясь наверх в Галактики, я позволил себе уснуть в объятиях блаженства. Как только мои руки почувствовали песок, я запомнил этот момент, пути назад уже не было. Я настроился наслаждаться и размышлять о моем путешествии. Все произошедшее было выше самых смелых моих мечтаний и ожиданий. Я был в трепете от того, насколько индивидуально и в то же время глубоко Отец способен проявить любовь к каждому из нас. Тайна сокровенного познания Его только возрастает, если осмыслить, какие законы и отношения Он устанавливает с нами. Тот, кто настолько могущественен, обладает такой огромной любовью.

Я все еще лежал и грелся на песке, как почувствовал мягкое присутствие кого-то, кто приближался ко мне сзади. Предположив, что это Иисус, я повернулся, чтобы посмотреть. К моему удивлению и волнению, это был не Иисус, а человек, который выполнил роль Его земного отца. Плотник Иосиф.

Он был воплощением кротости. Подойдя ко мне с большой осторожностью, он улыбнулся. Это был человек, влюбленный во всё, чем занимался. Иосиф обнял меня как Отец и начал говорить: «Я так рад познакомиться с тобой, я много вкладывался в ваше и будущие поколения. Я хочу поговорить с тобой о том, каково это воспитывать СЫНА Божьего, и как ты будешь воспитывать сынов Божьих, чтобы стать для них Отцом на путях Небес».

Я все еще не отошел от наслаждения славой, но желая почтить этого человека, единственное, что смог выдавить было: «Эм, ДА».

Иосиф, не ожидая от меня слов, странно посмотрел в мою сторону и по-доброму рассмеялся. Схватив меня за руку, он начал показывать свою жизнь с Иисусом на Земле вне времени с высоты птичьего полета. Я видел волнение и страх, пережитый им во время посещения волхвов после рождения Иисуса.

Что его «сын» был Богом, плотник Иосиф осознавал постепенно, но ответственность за Него ощущал всю свою жизнь. Еще вчера он был простым плотником, но в один из дней ему доверили любить самого важного человека, который жил когда-либо по Земле. И когда пришли странные волхвы, принеся Ему огромное богатство, Иосиф никак не мог это осмыслить. И это было только начало.

После сцены с волхвами меня перенесло в раннее детство Иисуса. Иосиф так любил Его! Иисус буквально был светом для него, так что он отдавал всего себя сыну. Не было ничего такого, что бы Иосиф ни сделал для него.

Затем я перенесся туда, где Иисусу было около двенадцати лет, и Он сидел с раввинами. Я посмотрел на этот эпизод глазами Иосифа совсем по-другому. Он искренне переживал за жизнь сына, который только что потерялся, потому что сильно любил его. Когда, наконец, Иосиф и Мария нашли Иисуса, то отреагировали так же, как и многие родители: «Что ты натворил? Зачем ты это сделал? Где ты был?» Проще говоря, они боялись за жизнь Сына Божьего, хоть и знали Его по плоти. А Иисус в это время был настолько погружен в Сердце Отца, что было бессмысленно спрашивать, где Он был. Тем не менее, даже в двенадцать лет Иисус был достаточно мудрым и смиренным, чтобы повиноваться родителям, которые действительно до конца не понимали, кто Он на самом деле и что делает. Этот день особо запомнился Иосифу, Марии и Иисусу.

Я был поражен тем, что увидел. Я никогда не рассматривал отцовскую заботу с этой точки зрения, и как должно быть Иосиф разочаровался, когда Иисус начал входить в Свое призвание. В тот момент Иосиф просто многое не понимал. Было также отрадно осознавать, что хотя Иисус был без греха, а Его призвание было масштабным для всей Земли, его отношения с близкими не были автоматически легкими. На самом деле призвание усложняло эти отношения. Очень немногие понимали Его сердце, которое делало единственным Его выбором — любовь. Иисус так сильно любил, что Ему пришлось стать отцом своему земному отцу Иосифу. Его жизнь в семье была посвящена проявлению любви. Чем больше Он проявлял любовь, тем больше Его семья узнавала о Его истинной личности. Он совершал чудеса перед ними, и которые могли видеть только они не для того, чтобы Его поняли, а чтобы показать, как любит Небесный Отец. Любовь между Иосифом и Иисусом взращивала их отношения, как отца и сына, и имела первостепенное значение для развития отношений с Отцом Небесным. Чем больше Иисус любил Иосифа, тем больше они оба возрастали. Завершив встречу, Иосиф улыбнулся и сказал: «Пойдем со мной».

Подойдя ко Вратам, я понимал, что это будет в последний раз. Восхищаясь их красотой, мы вместе с плотником Иосифом перешли на другую сторону Врат.

Я снова оказался за пределами атмосферы Земли. Иисус с Иосифом уже стояли неподалеку, они явили себя в прославленном виде. Это было настолько мощно, что я даже обрадовался, что нахожусь не так близко к ним. Я пришел в восторг, глядя на них. Передо мной были Иисус из Назарета и Плотник Иосиф — Его земной отец!

Они стояли рядом друг с другом, представляя собой воплощение того, что значит расти в отношениях с Богом вместе. Оба были отцами и оба были сыновьями. Они всматривались в Землю, и в тот момент, когда сцепили руки друг друга, между ними произошел обмен — оба начали расти так быстро, что стали намного больше Земли. По мере роста слава, которая выглядела как некое электрическое вещество, курсировала между ними почти постоянным потоком. Вместе они росли не только физически, но и духовно. Я по-новому понял, что значит возрастать в любви у Бога и у человеков. И затем в совершенном согласии они оба протянули руки к Земле и обхватили ее так, что она оказалась между ними. А потом они посмотрели на меня.

Открыв рот, я взирал на Иисуса из Назарета и на Плотника Иосифа — Богочеловека и Человека в Белых Одеждах. Они стали олицетворением цели этого путешествия — открыть на Земле Сокровище Отцовства в смирении, скорби, кротости, желании, милости, чистоте сердца, миротворчестве и гонениях (Мф. 5:3-10).

В едином порыве Иисус и Иосиф провозглашали и наслаждались самой желанной частью Отцовства — отношениями с сыном.

## От автора

Я бы хотел уделить немного времени благодарности. Путешествие, проделанное с помощью этих двух книг, было долгим и славным. Спасибо.

Со стороны может показаться, что обе книги неожиданно обрываются. Но этого не изменить — просто не хватает слов. Когда откровение прекратилось, перестал писать и я. Сокровища, раскрытые в этой книге — это Сокровища Отцовства, показанные как с точки зрения Людей в Белых Одеждах, так и с точки зрения нашего возрастания в отцовстве. На мой взгляд, трансформация нашей жизни по образцу и откровению Нагорной проповеди — это и есть правильный путь.

Я и представить себе не мог, как скомпонуется эта книга, пока не написал последние три абзаца. Когда я понял, что вся книга об отцовстве, то несколько дней был раздавлен этим откровением. Время, проведенное в размышлениях о книге, об откровениях, переданных мне Людьми в Белых Одеждах, стало самым достойным временем моей жизни. Еще раз спасибо за то, что провели это время вместе со мной.

Данная серия состоит из двенадцати (12) книг. Завершая эту, могу сказать, что единственное откровение, которое я имею о следующей книге — это её название «Сверхъестественная жизнь». Для меня было большой честью поделиться всеми этими событиями с вами в том виде, как они раскрылись в моей жизни.

С благодарностью, Джозеф.

## Об авторе

Джозеф Стерджен живет и трудится в штате Алабама. Он обожает проводить время на небесах и вести записи об этих переживаниях.

Помимо всего прочего он любит бывать на природе, участвует в жизни мира бизнеса и путешествует с друзьями.

Дополнительные материалы находятся на вебсайте: www.revelationrevealed.net

SeraphCreative  Сердце Небес для **Земли**

Компания Seraph Creative — это группа художников, писателей, богословов и иллюстраторов, работа которых нацелена на взращивание Тела Христова в меру полного возраста, для вступления в наследство Сынов Божьих на Земле.

Подпишитесь на нашу рассылку, чтобы узнать о выходе следующей книги этой серии, а также о других захватывающих изданиях.

Посетите наш веб-сайт:

www.seraphcreative.org

www.ingramcontent.com/pod-product-compliance
Lightning Source LLC
Chambersburg PA
CBHW051539120626
46551CB00013B/1295